# AI文案写作

新镜界 编著

# 从入门到精通

中国水利水电出版社
www.waterpub.com.cn

·北京·

## 内 容 提 要

本书系统地讲解了 AI 文案的写作方法，如 AI 写作工具的使用、指令的编写、指令模板的使用和 AI 文案在常见领域的综合应用。相信读者通过学习本书，可以快速精通 AI 文案的写作方法。

全书共 11 章，分别讲解了 ChatGPT AI 文案写作、文心一言 AI 文案写作、指令的框架和细节、指令的编写和优化、AI 写作的指令模板、AI 学术文案综合实例、AI 职场文案综合实例、AI 电商文案综合实例、AI 短视频文案综合实例、AI 新媒体文案综合实例以及 AI 其他领域文案综合实例，以此来提升读者的 AI 文案创作能力。

本书包含大量的学习资源及赠送资源，随书赠送 115 分钟的视频教学、188 页 PPT 教学课件、电子教案、170 组指令、以及案例和课后练习的素材和回复源文件。

本书适合各个层次的读者，包括对 AI 文案创作有兴趣的初学者、从事新媒体运营和短视频创作的人员，以及在职场办公、营销和网店经营领域工作的人群；同时，学生、教师和学术研究人员也能够从本书中获益良多。此外，本书也适合作为相关专业的教材。

### 图书在版编目（CIP）数据

AI 文案写作从入门到精通 / 新镜界编著 . — 北京：中国水利水电出版社，2024. 11. — ISBN 978-7-5226-2693-2

Ⅰ. H05

中国国家版本馆 CIP 数据核字第 20243LY434 号

| | |
|---|---|
| 书　　名 | AI文案写作从入门到精通<br>AI WEN'AN XIEZUO CONG RUMEN DAO JINGTONG |
| 作　　者 | 新镜界　编著 |
| 出版发行 | 中国水利水电出版社<br>（北京市海淀区玉渊潭南路1号D座 100038）<br>网址：www.waterpub.com.cn<br>E-mail：zhiboshangshu@163.com<br>电话：（010）62572966-2205/2266/2201（营销中心） |
| 经　　售 | 北京科水图书销售有限公司<br>电话：（010）68545874、63202643<br>全国各地新华书店和相关出版物销售网点 |
| 排　　版 | 北京智博尚书文化传媒有限公司 |
| 印　　刷 | 河北文福旺印刷有限公司 |
| 规　　格 | 170mm×240mm　16开本　13.5印张　325千字 |
| 版　　次 | 2024年11月第1版　2024年11月第1次印刷 |
| 印　　数 | 0001—3000册 |
| 总 定 价 | 59.80元 |

# 前　言

➡ 写作驱动

在我们的学习、生活和工作中，有非常多需要写作的文案，如制订备考计划、编写个人简历、创作产品推广文案、构思短视频脚本、撰写"小红书"笔记等。那么，如何又快又好地完成这些文案呢？

AI 就是我们最好的帮手之一。运用 AI 来生成文案，可以高效、准确地完成文案任务，并且可以根据需求生成定制化、个性化的创意文案，从而提高文案写作的效率、质量和新意。

在人工智能热潮汹涌袭来的今天，AI 文案的广泛应用已成为不可避免的趋势之一。为了适应时代发展和发扬我国科技兴邦、实干兴邦的精神，我们应该积极认识和学习 AI 文案写作技巧，不断提升 AI 文案创作能力，提高自身的竞争力。

本书通过 11 章共 150 多个知识点，帮助读者全面了解 AI 文案的生成技巧和实际应用，做到学用结合。希望读者都能举一反三，轻松掌握 AI 文案写作的相关技巧，从而借助 AI 生成所需的文案。

➡ 本书特色

### 1. 由浅入深，循序渐进

本书首先从两个 AI 文案生成工具的使用技巧学起，然后再学习 AI 文案指令的创作技巧和模板，最后学习 AI 文案在学术、职场、电商、短视频、新媒体和其他领域中的实际应用。讲解过程中步骤详尽、版式新颖，让读者在阅读时一目了然，从而快速掌握书中内容。

### 2. 语音视频，讲解详尽

书中的所有章节都录制了带语音讲解的视频，共有 115 分钟的时长，重现书中所有知识点和操作技巧。读者可以将视频结合书本学习，也可以独立观看视频演示，像看电影一样进行学习，让学习更加轻松。

### 3. 实例典型，轻松易学

通过示例学习是最好的学习方式。本书结合所选内容精选各种实用案例，透彻详尽地讲述了 AI 文案生成过程中所需的各类技巧，读者可以轻松地掌握相关知识。

### 4. 精彩栏目，贴心提醒

本书根据需要安排了"技巧提示""温馨提示"和"知识扩展"等栏目，让读者可以在学习过程中更轻松、更快地理解和掌握相关技巧。

### 5. 应用实践，随时练习

书中几乎每章都提供了"练习实例"和"综合实例"，让读者能够通过实践来熟悉、巩固所学的知识，为进一步学习 AI 文案的创作技巧做好充分准备。

## ➜ 资源获取

为了帮助读者更好地学习与实践，本书附赠了丰富的学习资源，包括 115 集的同步教学视频、教学课件、实例的指令、素材和回复等。读者使用手机微信扫一扫下面的公众号二维码，关注后输入 AI2693 至公众号后台，即可获取本书相应资源的下载链接。将该链接复制到计算机浏览器的地址栏中（一定要复制到计算机浏览器的地址栏中），根据提示进行下载。读者可加入 QQ 群 367213955，与老师和广大读者在线交流学习。

设计指北公众号

## ➜ 特别提醒

**提醒 1**：本书在编写时是基于各软件和工具的界面截的实际操作图片，但图书从编辑到出版需要一段时间，在此期间，这些工具的功能和界面可能会有变动。请读者在阅读时，根据书中的思路，举一反三学习即可。掌握方法是最重要的。

**提醒 2**：本书中所用的 ChatGPT 为 3.5 版，文心一言网页版为基于文心大模型 3.5 的 2.5.2 版，文心一言 App 为 1.11.0.11 版，Microsoft Office 为 365 版。

**提醒 3**：即使是相同的指令，AI 每次生成的回复也会有差别，因此在扫码观看教程时，读者应把更多的精力放在指令的编写和实操步骤上。

## ➜ 特别说明

ChatGPT 生成的内容存在语句不通顺、错用标点符号、错用别字等非导向性问题，为保留生成内容的原貌，本书对误生成的内容不作修改，望读者悉知。

## ➜ 关于作者

本书由新镜界编著，参与编写的人员还有李玲，在此表示感谢。由于作者知识水平有限，书中难免有些疏漏之处，恳请广大读者批评、指正。

编　者

# 目　录

## 写作技巧篇

# 综合实例篇

# 写作技巧篇

# 第 01 章　ChatGPT AI 文案写作

ChatGPT 是 AI（Artificial Intelligence，人工智能）文案的主要生成工具之一。用户登录 ChatGPT 平台后，通过输入相应的提示词（又称关键词、指令）就可以获得所需的文案，从而实现 AI 自动化生成文案。本章将重点介绍使用 ChatGPT 进行 AI 文案写作的技巧和方法。

## ◀》 本章重点

- 入门操作，掌握技巧
- 高效对话，掌握方法
- 综合实例：生成代码，制作图表

# 1.1 入门操作，掌握技巧

ChatGPT 页面简洁，操作简单。用户很轻松就能掌握 ChatGPT 的操作技巧，开启 AI 文案创作之旅。本节将介绍并掌握 ChatGPT 平台的入门技巧。

## 1.1.1 练习实例：注册账户，登录平台

与其他平台一样，ChatGPT 平台需要用户进行注册、登录后才能正式使用。那么，要如何注册和登录 ChatGPT 呢？下面就来介绍具体的操作方法。

步骤 01 搜索并进入 ChatGPT 的官网，单击 Sign up（注册）按钮，如图 1.1 所示。

扫一扫，看视频

图 1.1 单击 Sign up 按钮

→ 温馨提示

用户如果已经注册了账号，可以直接在官网单击 Log in（登录）按钮，进入 Welcome back（欢迎回来）页面，如图 1.2 所示，然后输入相应的电子邮件地址和密码，即可登录 ChatGPT。

**Welcome back**

电子邮件地址

　　继续　　

没有账户？ 注册

或

G 继续使用 Google

⊞ 继续使用 Microsoft Account

 继续使用 Apple

图 1.2 进入 Welcome back 页面

3

步骤 **02** 进入 Create your account（创建你的账户）页面，输入相应的电子邮件地址，单击"继续"按钮，如图 1.3 所示。

步骤 **03** 展开"密码"输入框，输入相应的密码（至少 12 个字符），如图 1.4 所示，单击"继续"按钮。

图 1.3　单击"继续"按钮　　　　图 1.4　输入相应密码

步骤 **04** 验证通过后，系统会提示用户输入姓名和进行手机验证，按照要求进行设置。完成注册后就可以登录并使用 ChatGPT 了。

### 1.1.2　练习实例：指令示例，体验过程

扫一扫，看视频

在 ChatGPT 的聊天窗口中，左侧是聊天记录和账号信息，右侧是回复区。如果当前的聊天窗口还未产生对话，那么回复区中会提供 4 个指令示例。用户可以选择其中的一个指令示例体验 ChatGPT 生成文案的过程和乐趣，具体操作如下。

步骤 **01** 进入 ChatGPT，自动创建一个新的聊天窗口，单击回复区中的第 1 个指令示例右侧的 Click to send（单击发送）按钮 ↑，如图 1.5 所示，即可向 ChatGPT 发送该指令。

步骤 **02** 稍等片刻，ChatGPT 会根据指令生成相应的回复，如图 1.6 所示。

### ➜ 温馨提示

需要注意的是，在每一个新的聊天窗口中，ChatGPT 提供的指令示例都不相同，因此用户掌握指令示例的使用方法即可。

另外，由于 ChatGPT 提供的指令示例都是英文，因此生成的回复也是英文。用户可以要求它对生成的回复进行翻译，以便更好地理解。

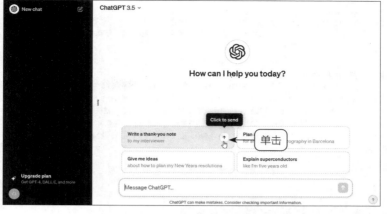

图 1.5　单击 Click to send 按钮

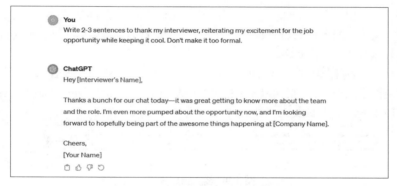

图 1.6　ChatGPT 根据指令生成的文案

### 1.1.3　练习实例：输入指令，生成文案

除了使用指令示例向 ChatGPT 提问之外，用户还可以输入自己的指令，并将其发送给 ChatGPT，以获得相应的文案。下面介绍具体的操作方法。

**步骤 01** 在新的聊天窗口中，单击底部的输入框，输入"请根据以下信息为一家蛋糕店写一段广告语，字数不超过 200 字（另起一行）店铺信息：VV 蛋 扫一扫，看视频糕店的招牌产品是草莓蛋糕，店铺坚持每天现做现卖，每晚 9 点店内的产品会打八折销售"，如图 1.7 所示。

图 1.7　输入相应指令

**步骤 02** 单击输入框右侧的 Send message（发送信息）按钮或按 Enter 键，即可将指令发送给 ChatGPT，并获得生成的文案，如图 1.8 所示。

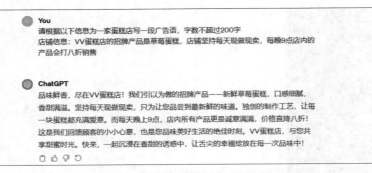

**图 1.8  获得 ChatGPT 生成的文案**

## 1.1.4  练习实例：单击按钮，停止生成

用户在 ChatGPT 中发送指令后，ChatGPT 一般都是以逐字输出的方式生成文案。当用户对当前所生成的文案表示存疑时，可以停止文案的生成。下面介绍具体的操作方法。

扫一扫，看视频　**步骤 01** 在 ChatGPT 的输入框中输入 "昨天我和朋友在水上公园玩得很开心，想发朋友圈纪念一下，请帮我写 8 条相关的朋友圈文案"，如图 1.9 所示，按 Enter 键发送，ChatGPT 即可根据要求生成文案。

**图 1.9  输入相应指令**

**步骤 02** 在下方空白输入框的右侧单击 ◉ 按钮，如图 1.10 所示，即可让 ChatGPT 停止生成文案。

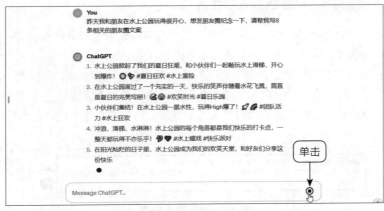

**图 1.10  单击相应按钮**

## 1.1.5  练习实例：重新生成，改变内容

当用户对 ChatGPT 生成的回复不满意时，可以通过单击 ↻ 按钮重新生成回复，ChatGPT

会响应指令更换表达方式、改变内容重新给出回复，具体操作如下。

**步骤 01** 在 ChatGPT 的输入框中输入并发送"写一篇主题为'充足饮水对身体好'的小提示，不超过 150 字"，在 ChatGPT 生成的文案下方，单击↺按钮，如图 1.11 所示，即可重新生成文案。

扫一扫，看视频

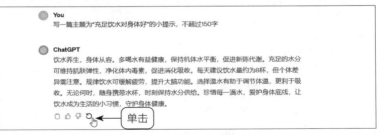

**图 1.11　单击相应按钮**

**步骤 02** 重新生成文案后，会出现页码，如图 1.12 所示，单击页码左右两边的箭头可以进入上一页或进入下一页。

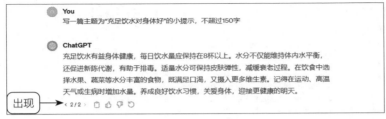

**图 1.12　出现页码**

## 1.1.6　练习实例：选择内容，进行复制

当用户需要复制 ChatGPT 生成的文案时，可以通过选择内容的方式将需要的内容进行复制，具体操作方法如下。

**步骤 01** 在 ChatGPT 的输入框中输入"请帮我想 5 条主题为 2023 年度喜爱歌曲总结的短视频标题"，按 Enter 键发送，ChatGPT 即可给出相关的标题，如图 1.13 所示。

扫一扫，看视频

**图 1.13　ChatGPT 生成的标题**

步骤 02 通过移动鼠标选择这些标题，在标题上右击，在弹出的快捷菜单中选择"复制"选项，如图 1.14 所示，即可进行复制。

图 1.14　选择"复制"选项

需要注意的是，在使用这种方法时，文案中的序号是无法被选择和复制的，因此用户可以先将所复制的文案粘贴至记事本、Word 文档等写作软件中，再自行添加相应的序号。

➡ 技巧提示　使用"复制"按钮对文案进行复制

除了通过选择内容的方式复制 ChatGPT 回复的内容之外，ChatGPT 还自带"复制"按钮。用户可以直接单击文案下方的"复制"按钮，如图 1.15 所示，对全部内容进行复制。

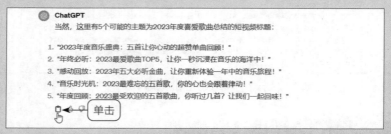

图 1.15　单击"复制"按钮

### 1.1.7　练习实例：指令换行，分段输入

扫一扫，看视频

在 ChatGPT 的输入框中，用户可以分段或分行输入内容，让指令的结构和信息更清晰、明确，从而便于 ChatGPT 的理解和响应，具体操作如下。

步骤 01 在 ChatGPT 的输入框中输入"请将以下词汇组合成广告文案："，如图 1.16 所示。

步骤 02 按 Shift + Enter 组合键即可换行，输入"雪地、温暖、绒毛、亮眼"，如图 1.17 所示，向 ChatGPT 提供完整的指令。

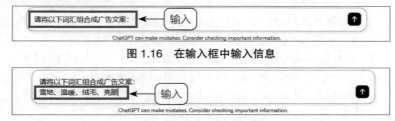

图 1.16　在输入框中输入信息

图 1.17　换行输入内容

**步骤 03** 按 Enter 键发送，ChatGPT 即可根据指令生成文案，如图 1.18 所示。

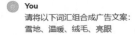

> **You**
> 请将以下词汇组合成广告文案：
> 雪地、温暖、绒毛、亮眼
>
> **ChatGPT**
> "感受雪地的清新，享受温暖的陪伴。我们的产品采用绒毛设计，柔软舒适，让您在寒冷的季节里倍感温馨。亮眼的色彩，点亮您的冬日时光。选择我们，让您在冷冽的季节中依然散发温暖光芒。"

图 1.18　ChatGPT 生成的文案

## 1.1.8　练习实例：指令改写，调整信息

当用户发现向 ChatGPT 发送的指令有误或者不够精准时，可以对已发送的信息进行改写，具体操作如下。

扫一扫，看视频

**步骤 01** 在 ChatGPT 的输入框中输入"请帮我写一篇广告文案，不超过150 字"，按 Enter 键发送，获得广告文案。单击已发送的指令下方的 🖉 按钮，如图 1.19 所示，即可对指令内容进行改写。

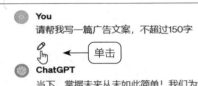

> **You**
> 请帮我写一篇广告文案，不超过150字
> 🖉 ← 单击
>
> **ChatGPT**
> 当下，掌握未来从未如此简单！我们为您带来全新创意的智能科技产品，助您走在时代前沿。轻松享受高效生活，尽在指尖。无论您是专业人士还是生活达人，我们都为您量身定制最智能的解决方案。现在就行动，体验未来的无限可能！

图 1.19　单击相应按钮

**步骤 02** 将指令改写为"请帮我写一篇暖水袋的广告文案，不超过 150 字"，单击 Save & Submit（保存并提交）按钮，如图 1.20 所示。

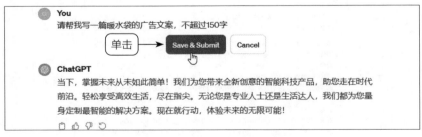

> **You**
> 请帮我写一篇暖水袋的广告文案，不超过150字
> 单击 → Save & Submit　Cancel
>
> **ChatGPT**
> 当下，掌握未来从未如此简单！我们为您带来全新创意的智能科技产品，助您走在时代前沿。轻松享受高效生活，尽在指尖。无论您是专业人士还是生活达人，我们都为您量身定制最智能的解决方案。现在就行动，体验未来的无限可能！

图 1.20　单击 Save & Submit 按钮

**步骤 03** ChatGPT 即可根据改写后的指令重新生成文案，如图 1.21 所示。

图 1.21　重新生成文案

## 1.1.9　练习实例：换个话题，新建窗口

扫一扫，看视频

　　在 ChatGPT 中，用户如果想用一个新的主题与 ChatGPT 开始对话，可以保留当前聊天窗口中的对话记录，新建一个聊天窗口。下面介绍具体的操作方法。

步骤 01 在聊天窗口的左上角，单击 New chat（新建聊天窗口）按钮，如图 1.22 所示，即可新建一个聊天窗口。

图 1.22　单击 New chat 按钮

步骤 02 在新聊天窗口的输入框中输入"请策划 5 个主题为香水分享的短视频选题"，如图 1.23 所示。

图 1.23　在输入框中输入指令

步骤 03 按 Enter 键发送，ChatGPT 会根据要求策划选题，如图 1.24 所示。

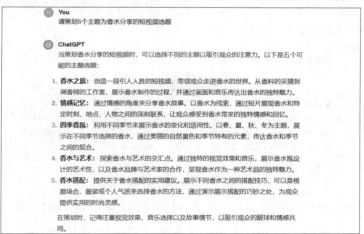

图 1.24　ChatGPT 策划的选题

## 1.1.10 练习实例：重新命名，方便管理

在 ChatGPT 的聊天窗口中生成对话后，聊天窗口会自动命名。用户如果觉得不满意，可以对聊天窗口进行重命名操作。下面介绍具体的操作方法。

扫一扫，看视频

**步骤 01** 在聊天窗口名称的右侧单击 ■■■ 按钮，如图 1.25 所示。

图 1.25　单击相应按钮

**步骤 02** 执行操作后，在弹出的下拉菜单中选择 Rename（重命名）选项，如图 1.26 所示。

图 1.26　选择 Rename 选项

**步骤 03** 执行操作后，呈现出名称编辑文本框。在该文本框中可以修改聊天窗口的名称，如图 1.27 所示。

图 1.27　修改聊天窗口的名称

**步骤 04** 按 Enter 键确认，即可对聊天窗口进行重命名，效果如图 1.28 所示。

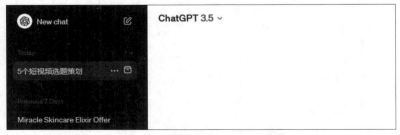

图 1.28　重命名聊天窗口的效果

11

### 1.1.11　练习实例：结束对话，删除记录

扫一扫，看视频

在 ChatGPT 的聊天窗口中，当用户已经完成了当前话题的对话后，如果不想保留聊天记录，可以进行删除操作。删除与 ChatGPT 的聊天记录，具体操作方法如下。

**步骤 01** 在聊天窗口名称的右侧单击 ■■■ 按钮，在弹出的下拉菜单中选择 Delete chat（删除聊天窗口）选项，如图 1.29 所示。

图 1.29　选择 Delete chat 选项

**步骤 02** 弹出 Delete chat？对话框，如图 1.30 所示，单击 Delete（删除）按钮即可进行删除。单击 Cancel（取消）按钮可以取消操作。

图 1.30　Delete chat？对话框

---

**【知识扩展】分享与存档对话**

在图 1.31 所示的下拉菜单中，用户除了可以对聊天窗口进行重命名和删除操作之外，还可以将对话进行分享。用户只需选择 Share（分享）选项，即可弹出 Share link to Chat（共享到聊天的链接）对话框，如图 1.32 所示，将聊天窗口中的内容通过链接的形式分享出去。

图 1.31　下拉菜单

图 1.32　Share link to Chat 对话框

对于比较重要的对话，用户可以单击聊天窗口名称右侧的 Archive 按钮，将对话存档到设置中，并使其不再显示在左侧的聊天记录中，以避免在管理对话时误删。

## 1.2 高效对话，掌握方法

在掌握了 ChatGPT 的入门操作之后，用户可以通过掌握一些提问的技巧和改变相应的参数提升 ChatGPT 的实用性，让其更好地为我们所用。本节将介绍一些向 ChatGPT 高效提问的方法。

### 1.2.1 正确提问，掌握方法

在向 ChatGPT 提问时，用户需要掌握正确的提问方法，如图 1.33 所示，这样可以让你更快、更准确地获取自己需要的信息。

扫一扫，看视频

图 1.33　向 ChatGPT 提问的正确方法

13

## 1.2.2　练习实例：提升逻辑，条理清晰

扫一扫，看视频

ChatGPT 具有高度的语言理解能力和内容输出能力，用户如果希望它输出的内容更具有逻辑性，在提问时加上指令 "Let's think step by step"（让我们一步一步来思考），可以让 ChatGPT 的逻辑能力提升 5 倍。

步骤 01 在 ChatGPT 的输入框中输入"请写一篇小红书科普文案，主题为冬天戴帽子的好处，不超过 400 字"，按 Enter 键发送，ChatGPT 即可生成文案，如图 1.34 所示。

图 1.34　ChatGPT 生成的文案

步骤 02 单击已发送的指令下方的 ⟋ 按钮，在指令的后方加上 "Let's think step by step"，单击 Save & Submit 按钮，ChatGPT 会重新生成文案，如图 1.35 所示。

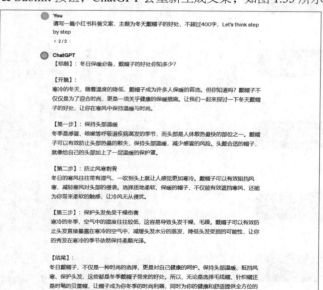

图 1.35　ChatGPT 重新生成的文案

14

可以看出，加上指令 Let's think step by step 后，ChatGPT 给出的文案内容更有逻辑性，条理也更清晰。

### 1.2.3　练习实例：拓宽思维，增加创意

用户如果经常需要使用 ChatGPT 制做创意、项目以及策划类的方案，可以在向 ChatGPT 提问时加上指令 "What are some alternative perspectives？"（有哪些可以考虑的角度），可以拓宽 ChatGPT 的思维广度。

**步骤 01** 在 ChatGPT 的输入框中输入 "请举例说明人造皮毛的优点"，扫一扫，看视频 ChatGPT 的回复如图 1.36 所示。

> **You**
> 请举例说明人造皮毛的优点
>
> **ChatGPT**
> 人造皮毛作为合成材料在许多方面都具有一些优点，以下是一些例子：
>
> 1. **无动物残忍**：人造皮毛的制作不涉及动物的捕杀或剥削，因此是一种无动物残忍的选择。对于那些关注动物权益和保护的人来说，人造皮毛提供了一种替代品，避免了使用真皮。
> 2. **环保**：生产人造皮毛相对较少地依赖于动物饲养和皮毛处理的传统方法，减少了对环境的负面影响。此外，一些人造皮毛产品采用可持续材料和生产工艺，进一步降低了其环境足迹。
> 3. **可持续性**：由于人造皮毛是合成材料，其生产过程相对更可控，能够更容易地实现可持续性目标。制造商可以选择使用可回收材料，减少废弃物，并致力于采用更环保的生产方法。
> 4. **成本较低**：相对于真皮，人造皮毛通常更经济实惠。这使得更多人能够拥有外观相似的皮毛制品，而无须支付真皮所带来的较高成本。
> 5. **多样性和颜色选择**：人造皮毛的生产过程能够轻松实现各种颜色和图案的变化，提供更广泛的选择。这使得设计师和消费者能够选择更符合时尚趋势或个人喜好的款式。
> 6. **易清洁和维护**：与真皮相比，人造皮毛通常更容易清洁和维护。它对水分和污渍的抵抗性较强，不需要使用专门的皮革护理产品，减少了保养的复杂性。
>
> 总体而言，人造皮毛的优点主要涵盖了对动物友好、环保、可持续性、经济实惠以及多样性等方面，使其成为一种备受青睐的替代品。

图 1.36　ChatGPT 的回复

**步骤 02** 对指令进行改写，在指令后方加上 "What are some alternative perspectives？"，ChatGPT 会从不同观点和角度给出回复，向用户提供更多的思路和帮助，如图 1.37 所示。

> **You**
> 请举例说明人造皮毛的优点，What are some alternative perspectives?
> ‹ 2 / 2 ›
>
> **ChatGPT**
> 人造皮毛具有多种优点，但也存在一些不同的观点和争议。以下是人造皮毛的一些优点以及一些可能的替代观点：
>
> 1. **动物友好**：
>    • **优点**：人造皮毛无须使用动物皮毛，因此是一种无害于动物的时尚选择，有助于减少对动物的捕猎和剥削。
>    • **替代观点**：有人认为，真皮在某些情况下可能是来自可持续的和有责任的养殖方式，而且一些天然皮毛也是来自食用肉产业的副产品。
> 2. **可持续性和环保**：
>    • **优点**：人造皮毛的生产过程相对较为环保，因为它不依赖于动物养殖和屠宰，并且在一些情况下可以采用可循环利用的合成材料。
>    • **替代观点**：一些人可能指出，人造皮毛的生产涉及使用化学物质和能源，且废弃后可能不容易降解，因此对环境仍有一定的影响。

图 1.37　ChatGPT 从不同的观点和角度回答问题

3. 经济实惠：
 • 优点：人造皮毛相对较为经济实惠，因为它的生产成本通常较低，这使得更多人能够获得时尚的皮毛外观而无须支付真皮的高昂价格。
 • 替代观点：有人可能认为，过度的低成本生产和消费可能导致"快时尚"文化，带来对环境和社会的负面影响。
4. 多样性和创新：
 • 优点：人造皮毛的制造材料多样，可以模仿各种动物皮毛的外观和触感。这为设计师和消费者提供了更多的选择，促使时尚产业更加创新。
 • 替代观点：一些人可能认为，过分追求外观上的多样性和创新可能导致更频繁的替换和浪费，对环境造成一定程度的压力。

在评估人造皮毛的优点时，不同人的观点可能受其价值观、可持续发展意识以及对动物权益和环保的关注程度的影响。因此，在讨论人造皮毛时，需要综合考虑多个因素，以寻找平衡和可持续的解决方案。

图 1.37 （续）

## 1.2.4 练习实例：解决中断，继续生成

扫一扫，看视频

由于 ChatGPT 的研发者对 ChatGPT 连续性生成回复进行了字数限制，因此用户在使用 ChatGPT 时，可能都会遇到文字中断的情况，此时用户可以使用"继续"指令解决这个问题。

步骤 01 在 ChatGPT 的输入框中输入"请以'瑞雪兆丰年'为主题写一篇公众号文章，要求：情感真挚，表达对雪的喜爱，1000 字以上"，按 Enter 键发送，ChatGPT 生成的文案如图 1.38 所示。

> **You**
> 请以"瑞雪兆丰年"为主题写一篇公众号文章，要求：情感真挚，表达对雪的喜爱，1000字以上
>
> **ChatGPT**
> 瑞雪兆丰年：白雪皑皑，心情满满
>
> 寒冷的冬日，大地裹挟在银装素裹之中，仿佛是一幅宁静而美丽的画卷。窗外飘舞的雪花如梦似幻，落地时发出轻柔的哗哗声，仿佛是大自然为人间洒下的一片祝福。而正是在这个冬日的美好时光里，我深深地沉浸在"瑞雪兆丰年"的美好寓意之中。
>
> 每当大雪纷飞的时候，我总会不由自主地走到窗前，凝望着那悠悠飘舞的雪花。那一片片洁白无瑕的雪花，如同一个个小精灵，跳跃着、飞舞着，为这个冬季的世界添上了一抹生机勃勃的色彩。仿佛是上天派来的使者，它们轻盈地飘荡在空中，带来了一片宁静与祥和。
>
> 雪，是我心中最美的诗篇。它的美丽并非只是停留在视觉上，更是一种深深的情感沉淀。那洁白的雪花如同天使的羽翼，轻轻飘舞，点缀着这个世界的每一个角落。它们纷纷扬扬地飘落，仿佛是给大地穿上了一袭洁白的盛装。在这片白色的大地上，一切都显得那么纯洁而宁静，仿佛时间在这一刻静止。
>
> 小时候，我曾经在雪地里留下过欢笑的足迹。那是一个寒冷而纯净的冬日，大雪纷飞，我和小伙伴们在雪地上奔跑嬉戏。我们投掷着雪球，堆雪人，留下了一串串欢笑和美好的回忆。雪花洒落在头顶，化作冰凉的触感，却在心中升腾起一股温暖和快乐。
>
> 而如今，即便是一个人静静地走在银装素裹的街头巷尾，也能感受到雪的独特魅力。雪花轻轻飘落在头发上，融化在面颊上，带来一种清新的感觉。那雪的温柔，如同岁月的抚过，让人心生宁静和感慨。
>
> "瑞雪兆丰年"，这句话仿佛是大自然对人间的祝福。雪，是自然界的一种恩赐，也是大地的馈赠，它不仅为这个季节披上了一层银装，更寓意着一个美好而富饶的新年即将来临。雪花纷纷扬扬，如同一份份美好的祝愿，为新的一年描绘出一幅幅充满希望和期许的画卷。
>
> 在这个冬日的午后，我带着一颗宁静的心情漫步在雪的世界里。远处的山峦在雪的覆盖下若隐若现，仿佛是一座座仙境般的城堡。树木在雪的映衬下，宛如银装素裹的仙子，优雅而婀娜。这一切都如同一个梦境，让人陶醉在这片纯净的世界里。

图 1.38 ChatGPT 生成的文案

雪的美丽让我不禁想起了生活中的点点滴滴。它如同生命中的一场美好邂逅，犹如一场轻轻的吻，温暖而深情。我们生活在这个世界上，也许会遇到风雨飘摇，但正是这些雪一样的温暖，让我们感受到生命的美好和温情。

正因为如此，我深深地喜爱着它。它不仅是大自然的奇迹，更是一种生命的契机。每一片雪花都是独一无二的，就像每一个人都有着独特的存在和价值。雪的降临，让我们感受到了生命的宝贵和美好。它让人心怀感激，让人在寒冷中感受到温暖。

"瑞雪兆丰年"，这不仅仅是对新年的祝愿，更是一种对生命的热爱和对美好的追求。雪花飘落的时候，我愿意用一颗感恩的心去迎接，用一份宁静的心情去品味。因为在雪的降临中，我看到了生命的希望，看到了美好的未来。

雪，是一种瑞

图 1.38 　（续）

**步骤 02** 在 ChatGPT 的输入框中输入"继续"，按 Enter 键发送，ChatGPT 会接着中止的位置继续生成文案，如图 1.39 所示。

**You**
继续

**ChatGPT**
兆，它给予了这个世界一份宁静和祥和，也让人们在寒冷的季节里感受到了温暖。而这份温暖不仅来自于雪花的柔软，更源自于人们对美好的向往和对生命的热爱。

在这片雪的世界里，时间仿佛慢了下来，一切都变得宁静而安详。每一片雪花都是时间的凝固，记录着岁月的变迁。站在雪的世界中，我不禁回首过去的时光，感受到岁月的沉淀，体味到生命的美好。而每一场雪，都是一次心灵的净化，让烦忧和杂念在白雪的覆盖下消失无踪。

"瑞雪兆丰年"中的"瑞"字，更是一种对生命的祝福和对未来的期许。雪花纷纷飘落，如同幸福的种子洒满人间，为新的一年埋下了希望的种子。这个时候，我们不妨停下脚步，仔细感受雪的触感，聆听雪花轻飘的声音，用一颗感恩的心迎接新的一年的到来。

雪，是大自然的馈赠，也是一种心灵的陶冶。它让人们学会在寒冷中保持温暖，学会在静谧中品味生命的美好。正如人生的道路上会遇到各种各样的风雨，但只要心中有一片瑞雪般纯净的向往，便能在风雨中坚持前行，迎来生命中的丰收与收获。

雪花的独特之处在于它的纯净和无私。在雪的世界里，一切都被覆盖得如此洁白，仿佛所有的尘埃和杂念都被雪花洗净。这让我深刻地思考，生活中是否也需要一片雪花般的纯净，去除心灵的杂质，让自己更加清澈而透明。

"瑞雪兆丰年"也是一种对人际关系的呼唤。雪花纷纷扬扬，相互交织，仿佛是朋友间真挚的情感。在这个特殊的时刻，我们可以学会更加珍惜与家人、朋友之间的相处，用一颗宽容的心去理解包容，让关系更加纯净而深厚。

或许，在人生的道路上，我们会经历风雨，会遭遇坎坷，但正如雪花在风中飘舞，我们也能在逆境中保持乐观，用一颗坚韧的心迎接生命中的挑战。雪花的美丽并非来自于它的坚硬和坚持，而是来自于它的柔软和舒适。

在"瑞雪兆丰年"的时刻，让我们放下心中的烦忧，敞开心扉，迎接新年的到来。就像雪花一样，让心灵在寂静中沉淀，在纯净中升华。愿这个冬日的美好，如同雪花般独特而绚丽，给每个人带来温暖和喜悦。

图 1.39　ChatGPT 继续生成的文案

### 1.2.5　练习实例：温度指令，提升灵活性

当我们对 ChatGPT 有了一定的了解之后，会发现 ChatGPT 生成的答案都较为严谨，略显机械和呆板，这时我们只需要在提问时加入指令"Please generate the answer at *x*"或"use a temperature of *x*"（请用 *x* 的温度生成答案），便可以让 ChatGPT 的回答更灵活。下面举例介绍具体的操作方法。

扫一扫，看视频

**步骤 01** 不添加温度指令，在 ChatGPT 中输入"请写一段关于雪豹的描述"，生成的回复如图 1.40 所示。

**You**
请写一段关于雪豹的描述

**ChatGPT**
雪豹（Panthera uncia），是一种生活在高山地区的大型猫科动物，被认为是高山环境中最优秀的捕猎者之一。雪豹主要分布在中亚、喜马拉雅山脉、喜马拉雅山脉以北的高山地带，海拔范围通常在 2,000 米至 6,000 米之间。

雪豹的身体适应了极端的环境，拥有浓密的皮毛，毛色以灰白色为主，配以黑色斑点和环形斑纹，使其在雪地中更易于伪装。其长而厚重的尾巴帮助它在崎岖的高山地形中保持平衡，而强健的身体结构则使其能够在陡峭的山坡上迅速穿越。

雪豹是一种独居动物，通常在广阔的领地内寻找食物，包括羚羊、野羊、蓝羊等。由于栖息地的退化、盗猎和气候变化等因素，雪豹面临着严重的威胁，被国际自然保护联盟列为濒危物种。各种保护项目致力于保护雪豹及其栖息地，以确保这一壮丽而神秘的物种的生存。

**图 1.40　没有添加温度指令生成的回复**

**步骤 02** 将指令进行改写，在指令后方加上"use a temperature of 0.6"，生成的回复如图 1.41 所示。

**You**
请写一段关于雪豹的描述，use a temperature of 0.6
‹ 2 / 2 ›

**ChatGPT**
雪豹，生态系统中的神秘猫科动物，它的美丽和独特之处令人叹为观止。其优雅的身姿与灰白色的毛皮相得益彰，仿佛在雪域山脉中翩翩起舞的雪精灵。雪豹生活在高耸的山地地区，适应严寒的气候，被誉为"雪域之王"。

雪豹的被毛虚而柔软，为其提供了保暖的层次，使其能够在极端低温下生存。在气温为零度的严寒环境中，雪豹展现了对寒冷的出色适应能力。其良好的体温调节系统使其能够在高海拔的冰雪覆盖的山区中游刃有余地生存繁衍。

雪豹的身形矫健，肌肉发达，适应了在崎岖不平的山地地形中穿梭的需求。它的黄色眼睛深邃而警觉，为捕猎提供了卓越的视觉敏锐度。雪豹以其优越的狩猎技巧而闻名，能够在陡峭的山壁上迅捷地追逐猎物，展现了其卓越的狩猎本领。

然而，雪豹也面临着生存的巨大压力，其栖息地受到日益威胁。气温的变化对雪豹的生态环境造成了影响，使其所处的雪域生态系统面临着不确定的未来。因此，对于这一濒临危险的物种，我们需要加强保护措施，共同努力维护雪豹的生存环境，以确保这个美丽而神秘的物种得以延续。

**图 1.41　添加温度指令后生成的回复**

**→ 温馨提示**

$x$ 表示一个数值，一般设置在 0.1~1。低温度可以让 ChatGPT 的回复变得稳重且有保障；高温度则可以让 ChatGPT 充满创意与想象力，生成的回复类似人类的口吻描述，带有人情味。

### 1.2.6　练习实例：识别链接，生成图文

虽然 ChatGPT 不能直接生成图片，但可以通过识别图片链接向用户发送对应的图片。因此，用户可以运用指令和图片链接，让 ChatGPT 生成图文并茂的

扫一扫，看视频

文案内容。

**步骤** `01` 在 ChatGPT 的输入框中输入"请创作一段 150 字以内的微博文案，要求包含草原、羊，并提供一张草原的图片"，按 Enter 键发送，ChatGPT 只能生成相应的微博文案，如图 1.42 所示。

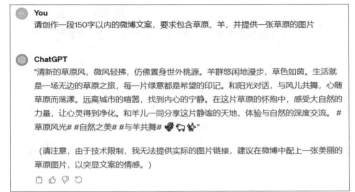

图 1.42　ChatGPT 只能生成相应的微博文案

**步骤** `02` 将指令进行改写，在指令后方加上"发送图片时请用 markdown 语言生成，不要反斜线，不要代码框，不要文字介绍，×××（此处为图片链接）"，即可让 ChatGPT 生成对应的图文内容，如图 1.43 所示。

图 1.43　ChatGPT 借助特殊语言生成图文内容

➡ 温馨提示

　　markdown 是一种轻量级的标记语言，它允许用户使用易读易写的纯文本格式编写文档，并通过一些简单的标记语法实现文本的格式化。

在使用 ChatGPT 生成图文内容之前，用户需要在网页中找到喜欢的图片，在图片上右击，在弹出的快捷菜单中选择"复制图片地址"选项，即可获得图片的链接。

## 1.3　综合实例：生成代码，制作图表

扫一扫，看视频

ChatGPT 作为一个聊天机器模型，虽然主要以语言文字著名，但基于其智能数据库也能够生成图表，以帮助我们提高办公效率。ChatGPT 不能够直接生成图表，但可以通过生成代码，再将代码应用到相应网站中，从而完成图表的制作。下面将以运用 ChatGPT 和"幕布"制作思维导图为例，介绍具体的操作方法。

步骤 01 在 ChatGPT 中输入"请以低温对农业带来的好处和弊端为主题，用 OPML 代码格式进行回复"，按 Enter 键发送，获得相应回复。单击代码右上角的 Copy code（复制代码）按钮，如图 1.44 所示，将代码进行复制。

**图 1.44　单击 Copy code 按钮**

```
        <outline text="提高温室温度" />
        <outline text="保护作物免受寒害" />
      </outline>
      <outline text="保温措施">
        <outline text="覆盖农田保持土壤温暖" />
        <outline text="使用保温材料" />
      </outline>
    </outline>
  </body>
</opml>
```

这个OPML代码简要概括了低温对农业的好处和弊端。好处方面包括害虫控制、农产品质量提升以及适宜低温的作物生长；弊端方面包括作物生长受限、土壤冻结以及农业活动受限。防范和适应措施部分提到了一些应对低温影响的方法。请注意，实际情况可能更为复杂，需要具体问题具体分析。

图 1.44    （续）

**步骤 02** 创建一个记事本，按 Ctrl + V 组合键粘贴所复制的代码，保存并关闭记事本，将记事本的文件扩展名更改为 .opml。搜索并进入幕布网页版，在"我的文档"页面中单击"新建或导入文件"按钮●，在弹出的下拉菜单中选择"导入"→"导入 OPML"选项，如图 1.45 所示。

**步骤 03** 弹出"导入 OPML"对话框，单击"导入 OPML（.opml）文件"按钮，如图 1.46 所示。

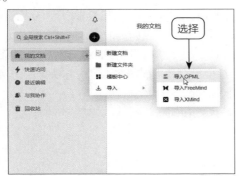

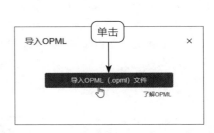

图 1.45  选择"导入"→"导入 OPML"选项  图 1.46  单击"导入 OPML（.opml）文件"按钮

**步骤 04** 弹出"打开"对话框，选择相应文件，单击"打开"按钮，如图 1.47 所示。

**步骤 05** 稍等片刻，即可生成对应的大纲笔记。在页面右上角单击"思维导图"按钮，如图 1.48 所示。

图 1.47  单击"打开"按钮        图 1.48  单击"思维导图"按钮

**步骤 06** 稍等片刻，即可生成思维导图，如图 1.49 所示。

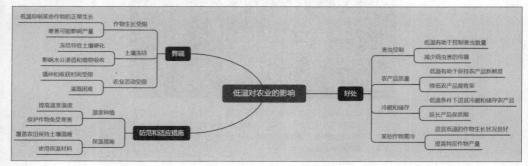

图 1.49　生成的思维导图

---

## 本章小结

　　本章主要介绍了 ChatGPT 的使用技巧和提问方法，具体内容包括：掌握平台的入门操作，如注册与登录 ChatGPT、指令示例的使用方法、指令的输入、回复的停止生成和复制、指令的换行输入和改写、聊天窗口的新建、重命名和删除等；掌握高效提问的方法，如正确提问的方法、提升逻辑的指令、解决中断的指令、温度指令和生成图文内容的方法等；最后还安排了一个综合实例，介绍如何使用 ChatGPT 和"幕布"制作思维导图。

　　通过对本章的学习，读者能够更好地掌握运用 ChatGPT 进行 AI 文案写作的方法。

---

## 课后习题

　　1. 让 ChatGPT 提供两个主题为冬季染发技巧的短视频标题，要有创意，不超过 15 个字，生成的回复如图 1.50 所示。

**ChatGPT**
1. "冰雪奇缘：冬季染发新招"
2. "寒冷魅力：冬季发色灵感"

图 1.50　生成的回复

扫一扫，看视频

2. 要求 ChatGPT 用 0.8 的温度写一段关于郁金香的描述，生成的回复如图 1.51 所示。

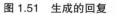

**ChatGPT**

郁金香，又称为"春之花"，是一种优雅而富有诗意的花卉，源自中亚地区。它的花朵呈漂亮的杯状，犹如一个精致的艺术品，吸引着人们的目光。郁金香的花色丰富多彩，包括纯洁的白色、娇媚的粉红、深沉的紫色以及明亮的红色，每一朵都散发着令人陶醉的芬芳。

这种花朵的独特之处在于它们的花瓣形状，宛如羽翼轻轻展开，给人一种柔美而高贵的感觉。郁金香的花语代表着深情和真爱，成为表达浪漫情感的理想之选。在春季，当郁金香盛开的时候，整个花坛仿佛被一片花海所覆盖，带来了一种生机勃勃的氛围。

郁金香也因其高雅的外表和与众不同的品质而成为园艺爱好者和花卉收藏家钟爱的对象。人们通过培育不同品种，创造出各种各样的郁金香，使其在花坛中展现出多姿多彩的面貌。无论是庭院、公园还是花园，郁金香都能为环境增添一抹绚丽的色彩，成为春日里不可或缺的风景之一。

图 1.51　生成的回复

扫一扫，看视频

# 第**02**章　文心一言 AI 文案写作

文心一言是百度研发的知识增强大语言模型，能够与人对话互动、回答问题、协助创作，高效、便捷地帮助人们获取信息、知识和灵感。本章将分别介绍文心一言网页版与手机版的使用技巧，帮助大家快速上手文心一言，轻松体验这一先进的人工智能技术。

### ◀» 本章重点

- 计算机网页版，简单、方便
- 手机软件，智能助手
- 综合实例：提供主题，生成大纲

# 2.1 计算机网页版，简单、方便

文心一言网页版的页面布局非常清晰、有条理，基本操作都可以在一个页面中完成。本节主要介绍文心一言网页版的使用技巧。

## 2.1.1 练习实例：注册账号，登录平台

文心一言是由百度研发的，因此用户只需要使用百度账号就可以进行登录。如果用户没有百度账号，注册一个也不需要耗费太多时间。下面介绍注册与登录文心一言的操作方法。

扫一扫，看视频

**步骤 01** 搜索并进入文心一言官网，在首页单击"开始体验"按钮，如图2.1所示。

图2.1 单击"开始体验"按钮

**步骤 02** 弹出"账号登录"对话框，单击右下角的"立即注册"链接，如图2.2所示。

图2.2 单击"立即注册"链接

　　已经拥有百度账号的用户可以选择使用账号密码或者短信验证的方式进行登录，也可以打开手机中的百度 App 进行扫码登录。

　　**步骤 03** 进入百度的"欢迎注册"页面，如图 2.3 所示，输入相应的用户名、手机号、密码和验证码，勾选下方的复选框，单击"注册"按钮即可。

图 2.3　百度的"欢迎注册"页面

### 2.1.2　练习实例：开启对话，体验功能

扫一扫，看视频

　　用户进入文心一言的主页后，AI 会推荐一些指令模板。用户可以选择感兴趣的指令模板开启对话，体验文心一言的对话功能。具体操作方法如下。

　　**步骤 01** 在文心一言主页中选择相应的指令模板，如图 2.4 所示。

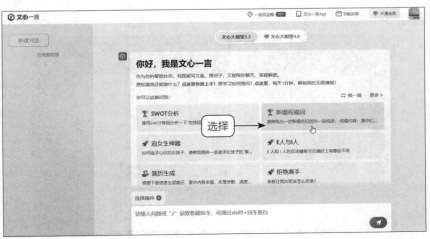

图 2.4　选择相应的指令模板

**步骤 02** 执行操作后，AI 会针对指令模板给出相应的回复，如图 2.5 所示。

图 2.5　AI 给出相应的回复

### 2.1.3　练习实例：发送指令，创作文案

在文心一言中，用户除了使用 AI 推荐的指令模板进行对话外，还可以输入和发送自定义的指令，让 AI 进行文案创作，具体操作方法如下。

**步骤 01** 在文心一言下方的输入框中输入"我们班的班长参加了学校运动会的长跑项目，我想给她写一篇加油稿，要求：语言简短，充满激情和鼓励，开头为高二 3 班的小徐同学"，如图 2.6 所示。

扫一扫，看视频

图 2.6　输入指令

**步骤 02** 单击输入框右下角的"发送"按钮 ，或者按 Enter 键确认，即可生成相应的文案，如图 2.7 所示。

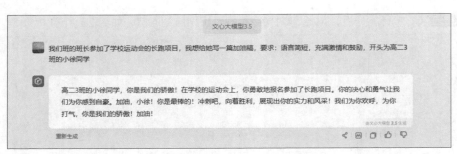

图 2.7　AI 生成的文案

### 2.1.4　练习实例：收藏模板，随时调用

扫一扫，看视频

用户可以在文心一言的"一言百宝箱"对话框中收藏一些指令模板，这样在需要使用某些指令时，可以直接在输入框中使用 /（正斜杠）符号获取指令模板。具体操作方法如下。

**步骤 01** 在文心一言主页的右上方单击"一言百宝箱"按钮，如图 2.8 所示。

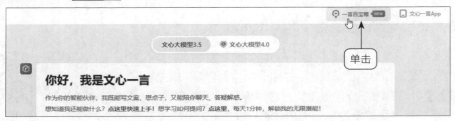

图 2.8　单击"一言百宝箱"按钮

**步骤 02** 进入"一言百宝箱"界面，切换至"场景"→"美食之窗"选项卡，单击相应指令模板右上角的☆按钮，如图 2.9 所示，将其收藏。

图 2.9　单击相应按钮

**步骤 03** 关闭"一言百宝箱"对话框，在输入框中输入 / 符号，在上方弹出的列表中选择收藏的指令模板，如图 2.10 所示。

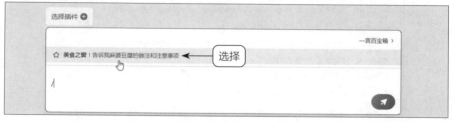

图 2.10　选择收藏的指令模板

**步骤 04** 执行操作后，即可自动填入所选的指令模板，单击"发送"按钮 ，即可获得 AI 的回复，如图 2.11 所示。

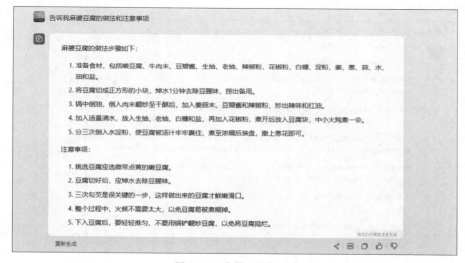

图 2.11　获得 AI 的回复

## 2.1.5　练习实例：单击按钮，重新生成

如果用户对于文心一言生成的内容不太满意，此时可以单击"重新生成"按钮使 AI 重新回复，具体操作方法如下。

扫一扫，看视频

**步骤 01** 在输入框中输入"为保温杯写一篇电视广告文案，要求：突出保温杯的保温性能和便携性，指明具体的场景，不超过 500 字"，单击"发送"按钮 ，即可获得 AI 的回复，在所回复的内容下方单击"重新生成"按钮，如图 2.12 所示。

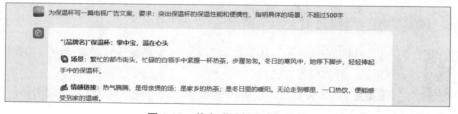

图 2.12　单击"重新生成"按钮

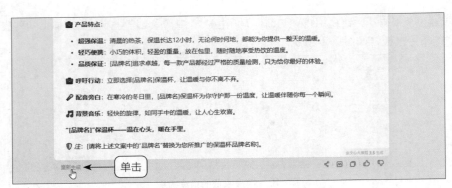

图 2.12　（续）

**步骤 02** 系统会再次向 AI 发送相同的指令，同时 AI 也会重新生成相关的回复内容，如图 2.13 所示。

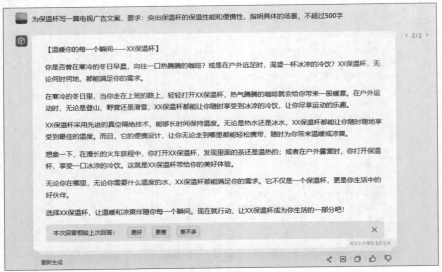

图 2.13　AI 重新生成相关的回复内容

➤ 温馨提示

　　当 AI 重新回复后，用户可以在 AI 回复内容的下方单击"更好""更差"或"差不多"按钮，对两次回复的内容进行对比评价；还可以单击回复内容右侧的 ‹ 2/2 › 按钮，切换查看之前的回复内容。

### 2.1.6　练习实例：新建对话，换个窗口

扫一扫，看视频

　　用户可以在文心一言中新建对话窗口，这样便于管理对话内容和查找历史对话记录，具体操作方法如下。

　　**步骤 01** 在文心一言主页左侧的窗口中，单击上方的"新建对话"按钮，如图 2.14 所示。

**步骤 02** 执行操作后，即可重新创建一个对话窗口，如图2.15所示。

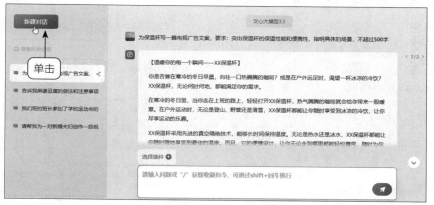

图2.14　单击"新建对话"按钮

图2.15　重新创建一个对话窗口

## ➡ 技巧提示　在文心一言中隐藏和展开左侧窗口

　　用户可以单击左侧窗口底部的 ⇄ 按钮，如图2.16所示，将文心一言主页的左侧窗口隐藏起来，便于扩大对话窗口与更好地查看对话内容。用户如果需要创建新的对话窗口和查看历史对话记录，可以单击页面左下角的"展开"按钮，如图2.17所示，将左侧窗口重新展开。

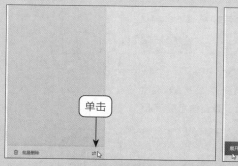

图2.16　单击相应按钮

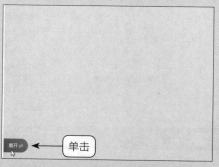

图2.17　单击"展开"按钮

### 2.1.7　练习实例：查看对话，管理记录

用户可以在文心一言的左侧窗口中查看和管理历史记录信息，包括置顶、重命名和删除对话记录，具体操作方法如下。

扫一扫，看视频

**步骤 01** 在左侧的窗口中选择一个历史对话，如图 2.18 所示，查看相应的对话信息。

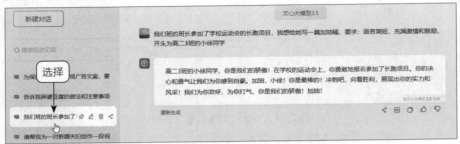

图 2.18　选择历史对话

**步骤 02** 在历史对话的右侧单击"置顶"按钮，如图 2.19 所示，即可将该历史对话置顶。

**步骤 03** 在置顶历史对话的右侧单击"重命名"按钮，在输入框中输入新的对话名称，如图 2.20 所示，单击 ✓ 按钮确认，即可修改历史对话的名称。

图 2.19　单击"置顶"按钮

图 2.20　输入新的历史对话名称

**步骤 04** 单击历史对话右侧的"删除"按钮，弹出信息提示框，如图 2.21 所示。用户可以单击"删除"按钮将其删除，也可以单击"取消"按钮关闭信息提示框。

图 2.21　弹出信息提示框

➥ **知识扩展　批量删除历史对话**

用户如果想同时删除多个历史对话，可以在左侧窗口的下方单击"批量删除"按

钮，如图 2.22 所示。进入"删除对话"页面，勾选相应对话前方的复选框，如图 2.23 所示，单击"删除"按钮，在弹出的信息提示框中继续单击"删除"按钮，即可完成历史对话的批量删除。

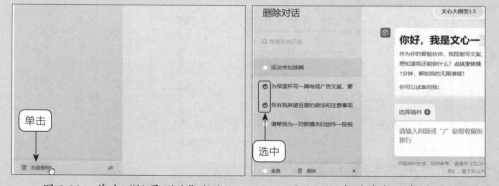

图 2.22　单击"批量删除"按钮　　　　图 2.23　勾选中相应复选框

### 2.1.8　练习实例：使用插件，扩展功能

文心一言不仅提供了强大的语言理解能力和生成能力，还通过插件的方式为用户提供了更加多样化的扩展功能。例如，"百度搜索"是文心一言中的一个固定插件，它可以帮助用户快速搜索和获得百度上的相关搜索结果，具体操作方法如下。

扫一扫，看视频

**步骤 01** 单击输入框左上角的"选择插件"按钮，如图 2.24 所示。

**步骤 02** 弹出插件列表，如图 2.25 所示，用户可以勾选相应插件右侧的复选框进行使用。

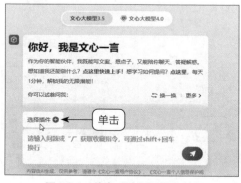

图 2.24　单击"选择插件"按钮　　　　图 2.25　弹出插件列表

→ **温馨提示**

由于"百度搜索"是固定插件，因此不需要进行选择，用户可以直接调用。另外，用户如果想使用其他插件，可以在插件列表中单击"插件商城"链接，在弹出的"插件商城"对话框中进行选择和安装。

**步骤 03** 在输入框中输入"百度搜索 柳州今日天气"，按 Enter 键发送，文心一言会将指令发送到百度搜索引擎，并返回相关的天气信息，如图 2.26 所示。

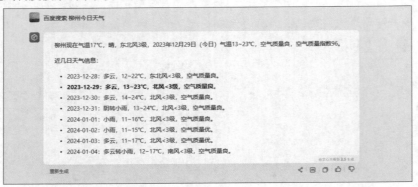

图 2.26  返回相关的天气信息

➜ 温馨提示

　　需要注意的是，使用"百度搜索"插件需要计算机保持网络连接状态。如果没有连接网络，该功能将无法使用。此外，为了保护用户的隐私和安全，文心一言会自动过滤广告和垃圾信息，确保用户只接收可靠的搜索结果。

## 2.2　手机软件，智能助手

　　除了在网页版进行对话之外，用户可以在手机上下载文心一言 App，为自己的生活和工作增加一位智能助手。本节主要介绍文心一言 App 的使用技巧。

### 2.2.1　练习实例：搜索软件，下载安装

扫一扫，看视频

　　用户可以在文心一言官网下载该 App，也可以在手机的应用商店中进行下载。下面以在应用商店下载文心一言 App 为例，介绍具体的操作方法。

　　步骤 01 打开手机的应用商店 App，在搜索框中输入"文心一言"，如图 2.27 所示，点击"搜索"按钮进行查找。

　　步骤 02 在搜索结果中，点击文心一言 App 右侧的"安装"按钮，如图 2.28 所示，即可自动完成软件的下载和安装。

图 2.27　输入软件名称　图 2.28　点击"安装"按钮

## 2.2.2　练习实例：登录账号，完成设置

文心一言 App 与网页版一样，也需要使用百度账号进行登录，如果用户之前在网页上注册了账号，这里可以直接登录；如果没有注册账号，则需要在手机上进行注册和登录。完成登录后，用户还需要进行一些设置才能进入文心一言的操作界面。

扫一扫，看视频

图 2.29　点击"同意"按钮

**步骤 01** 在手机屏幕上点击文心一言 App 的图标，进入软件，在弹出的"温馨提示"对话框中点击"同意"按钮，如图 2.29 所示，同意软件的相关协议。

**步骤 02** 进入登录界面，输入手机号，选中"请您阅读并同意百度用户协议和隐私政策及儿童个人信息保护声明"单选按钮，点击"下一步"按钮，如图 2.30 所示。

**步骤 03** 进入验证界面，点击"验证码登录"按钮，如图 2.31 所示。

**步骤 04** 进入"短信验证码登录"界面，输入收到的验证码信息，如图 2.32 所示，即可完成登录。

图 2.30　点击"下一步"按钮

图 2.31　点击"验证码登录"按钮

图 2.32　输入验证码

### ➡ 温馨提示

如果用户没有百度账号，点击登录界面下方的"注册"按钮进行注册即可。如果用户的手机中有其他已经登录了账号的百度应用，登录界面会变成图 2.33 所示的状态，用户可以选择账号，在弹出的提示框中点击"同意并继续"按钮，如图 2.34 所示，一键完成登录。

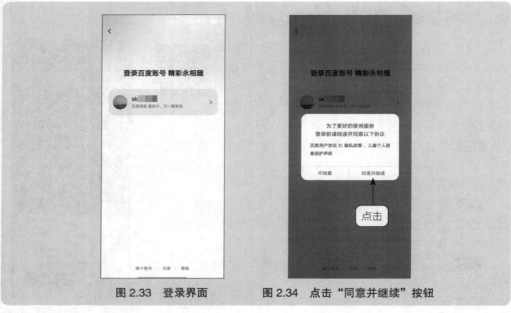

图 2.33  登录界面          图 2.34  点击"同意并继续"按钮

步骤 05 进入"选择助手"界面，选择助手小言，设置"性格设置"为"幽默风趣"、"语速设置"为"较快"，点击"设为默认助手"按钮，如图 2.35 所示，完成设置。

步骤 06 进入"对话"界面，如图 2.36 所示，即可开始与助手进行交流。

图 2.35  点击"设为默认助手"按钮    图 2.36  进入"对话"界面

## 2.2.3  练习实例：输入指令，进行对话

扫一扫，看视频

在文心一言 App 中，用户可以通过文字与 AI 进行对话，获得即时的信息、答案和建议，无须等待或浏览大量文档。这种对话方式不仅提高了效率，还为用户提供了与人工智能合作的机会，以解决各种问题和任务。具体操作方法如下。

步骤 01 在"对话"界面底部的输入框中输入"我跨年夜准备发一条朋友圈，配图为自己拍摄的风景图片，请根据配图帮我想 4 段朋友圈文案"，如图 2.37 所示。

步骤 02 点击"发送"按钮 ，即可获取 AI 生成的文案，如图 2.38 所示。

图 2.37 输入指令

图 2.38 AI 生成的文案

## ➡ 知识扩展 让 AI 进行语音播报

用户如果不方便看屏幕，可以让 AI 助手进行语音播报，将生成的文案朗读出来。具体操作方法：按住文心一言生成的文案，在弹出的面板中点击"播报"按钮，即可让 AI 将文案进行语音播报，如图 2.39 所示，播报的内容会显示为蓝色。

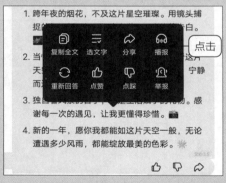
图 2.39 AI 进行语音播报

## 2.2.4 练习实例：语音对话，顺畅交流

文心一言 App 的"语音播报"和"连续语音对话"功能默认为开启状态，它们可以支持用户通过语音与 AI 进行持续交流，具体操作方法如下。

**步骤 01** 在"对话"界面的底部，点击 🎤 按钮，如图 2.40 所示。

扫一扫，看视频

37

**步骤 02** 执行操作后，即可启动语音对话，界面下方会显示语音输入区，如图 2.41 所示。

**步骤 03** 通过语音输入"帮我想三个短视频选题。"，如图 2.42 所示，点击指令下方的空白位置，即可停止录音，并自动发送指令。

**步骤 04** AI 会根据指令生成相应的回复，并自动进行播报，如图 2.43 所示。

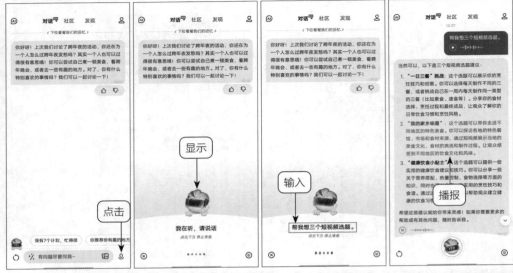

图 2.40　点击相应按钮　图 2.41　显示语音输入区　图 2.42　输入指令　图 2.43　生成回复并
进行播报

## 2.2.5　练习实例：巧用工具，快速对话

扫一扫，看视频

文心一言 App 为用户提供了多种提示词工具，即常用的指令模板。用户可以随时调用和修改这些模板，从而快速与 AI 进行对话，具体操作方法如下。

**步骤 01** 在"对话"界面的底部点击🖊️按钮，如图 2.44 所示。

**步骤 02** 弹出"提示词工具"列表，选择"高情商回复"模板，如图 2.45 所示。

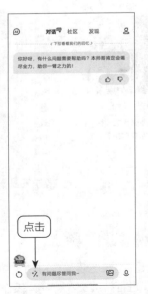

图 2.44　点击相应按钮　图 2.45　选择"高情商回复"模板

**步骤 03** 在输入框中输入"朋友约我去看电影，但是忽然换成了一部我不感兴趣的电影，怎么拒绝呢？"，如图 2.46 所示。

**步骤 04** 点击"发送"按钮 ▶，即可获取 AI 的回复，如图 2.47 所示。

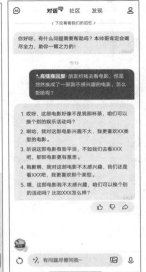

图 2.46　输入相应的指令　图 2.47　获取 AI 的回复

## 2.2.6　练习实例：上传图片，看图写诗

在文心一言 App 中，除了可以输入文字和语音外，用户还可以上传图片作为指令，生成一些创意文案，如看图写诗，具体操作方法如下。

扫一扫，看视频

**步骤 01** 在"对话"界面的底部，点击 🖼 按钮，在弹出的面板中选择一张图片，如图 2.48 所示。

**步骤 02** 执行操作后，AI 会对图片进行检测，检测完成后点击"确定"按钮，如图 2.49 所示，即可上传图片。

图 2.48　选择一张图片　图 2.49　点击"确定"按钮

步骤 03 在输入框中输入"看图写诗",如图 2.50 所示。

步骤 04 点击"发送"按钮 ▶，AI 即可根据图片内容创作一首诗歌，如图 2.51 所示。

### ➡ 知识扩展　让 AI 生成图片

文心一言除了可以使用图片作为指令之外，还可以根据用户的需求生成图片。例如，在输入框中输入"帮我画一张微信头像图，要求：正方形比例，主体是一只白猫，可爱，画面丰富"，点击"发送"按钮 ▶，AI 即可根据指令内容生成一张微信头像图，如图 2.52 所示。

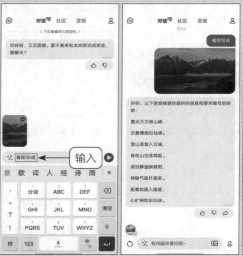

图 2.50　输入指令　图 2.51　AI 根据图片　　图 2.52　AI 生成微信头像图
内容创作一首诗歌

### 2.2.7　练习实例：角色扮演，趣味对话

扫一扫，看视频

用户可以在文心一言 App 中让 AI 扮演各种虚拟角色，从而实现更丰富的娱乐、教育、培训和交流体验，具体操作方法如下。

步骤 01 在文心一言 App 的"发现"界面中，切换至"角色"选项卡，如图 2.53 所示。

步骤 02 选择需要让 AI 扮演的虚拟角色，如"秦始皇"，如图 2.54 所示。

图 2.53　切换至
"角色"选项卡

图 2.54　选择相应的
虚拟角色

**步骤 03** 进入与"秦始皇"对话的界面，输入"您觉得公子扶苏和胡亥谁更适合继位？"，如图 2.55 所示。

**步骤 04** 点击"发送"按钮 ⊙，AI 会以"秦始皇"的身份来回答用户提出的问题，如图 2.56 所示。

图 2.55　输入指令　　图 2.56　以"秦始皇"的身份回答问题

### 2.2.8　练习实例：发布对话，交流经验

用户可以将 AI 生成的内容发布到文心一言 App 的"社区"界面中，与其他用户分享和交流经验，具体操作方法如下。

扫一扫，看视频

**步骤 01** 在文心一言 App 的"社区"界面中，点击右下角的＋按钮，如图 2.57 所示。

**步骤 02** 弹出"选择 AI 历史对话发布"列表，选择"小言"选项，如图 2.58 所示。

图 2.57　点击相应按钮　　图 2.58　选择"小言"选项

**步骤 03** 进入"选择分享内容"界面，选中相应对话内容左侧的单选按钮，点击"下一步"按钮，如图 2.59 所示。

**步骤 04** 进入发布界面，输入标题和正文信息，如图 2.60 所示。

**图 2.59 点击"下一步"按钮　　图 2.60 输入标题和正文信息**

**步骤 05** 在界面顶部点击"立即生成"按钮，即可生成一张封面图片。用户如果觉得不满意，可以点击右上角的"更换封面"按钮，如图 2.61 所示。

**步骤 06** 进入"AI 生成"界面，输入更具体的封面描述词，点击"生成封面图"按钮，如图 2.62 所示。

**图 2.61 点击"更换封面"按钮　　图 2.62 点击"生成封面图"按钮**

用户也可以切换至"手机相册"界面，选择手机中的照片作为封面图。

**步骤 07** AI 会根据封面描述词重新生成一张封面图片，点击"重新生成"按钮，如图 2.63 所示，AI 会重新生成封面图片。

**步骤 08** 点击界面右上角的 ✓ 按钮，如图 2.64 所示，即可更换封面图片。

图 2.63　点击"重新生成"按钮　　　图 2.64　点击相应按钮

**步骤 09** 返回发布界面，点击"发布"按钮，如图 2.65 所示，将对话进行发布。

**步骤 10** 跳转至"作品"界面，可以查看发布的对话内容，如图 2.66 所示。该内容通过系统审核后即可发布到"社区"界面中。

图 2.65　点击"发布"按钮　　　图 2.66　查看发布的对话内容

## 2.3　综合实例：提供主题，生成大纲

扫一扫，看视频

PPT（演示文稿）是传达信息、分享见解和汇报项目进展的重要工具。用户可以向文心一言提供 PPT 的主题，让它帮忙生成一个大纲，提高 PPT 的制作效率。下面以文心一言 App 为例，介绍使用 AI 生成 PPT 大纲的操作方法。

**步骤 01** 在文心一言 App 的"发现"界面中，切换至"职场"选项卡，选择"PPT 大纲生成"选项，如图 2.67 所示。

**步骤 02** 进入"PPT 大纲生成"对话界面，输入"男性作家和女性作家塑造反派角色时的异同"，如图 2.68 所示。

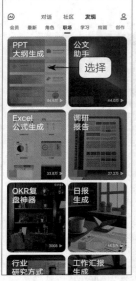

图 2.67　选择"PPT 大纲
生成"选项

图 2.68　输入 PPT 主题

**步骤 03** 点击"发送"按钮 ▶，AI 会根据主题生成相应的 PPT 大纲，如图 2.69 所示。

图 2.69　AI 根据主题生成相应的 PPT 大纲

# 本章小结

    本章主要介绍了文心一言的使用技巧，具体内容包括：掌握文心一言网页版的操作方法，如注册与登录平台、对话的开启、指令的发送、模板的收藏与调用、文案的重新生成、对话窗口的新建、对话记录的管理和插件功能的使用等；掌握文心一言 App 的使用方法，如软件的下载和安装、账号的登录和设置、指令的输入、语音对话的方法、提示词工具的使用、图片的上传和使用、虚拟角色的扮演与交流和历史对话的发布等；最后还安排了一个综合实例，将介绍如何使用文心一言 App 生成 PPT 大纲。

    通过对本章的学习，读者能够更好地掌握运用文心一言网页版和 App 进行 AI 文案写作的方法。

# 课后习题

    1. 在文心一言网页版中，让 AI 扮演孙悟空，询问它如果穿越到现代，如何适应，并不被人发现，生成的回复如图 2.70 所示。

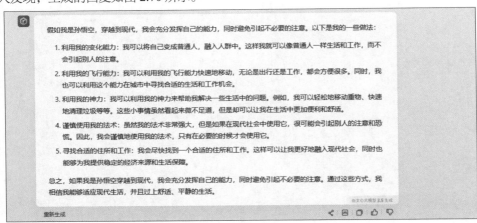

**图 2.70　生成的回复**

扫一扫，看视频

2. 在文心一言 App 中，询问冬天减肥的注意事项，生成的回复如图 2.71 所示。

冬天减肥需要注意以下几点：

1. **控制饮食**：冬天的气温低，身体需要更多的热量来维持正常体温，因此食欲会更好。但是，要减肥的话，饮食上需要注意控制热量的摄入，不要吃高热量、高脂肪、高糖分的食物。建议多吃一些蔬菜、水果、粗粮等低热量的食物。

2. **增加运动量**：冬天的气温低，身体不容易出汗，因此减肥的效果可能不如夏天明显。但是，通过增加运动量，可以提高身体的代谢率，增加身体的热量消耗，从而达到减肥的效果。建议选择室内运动，如瑜伽、跑步机等。

3. **注意保暖**：冬天的气温低，减肥时需要注意保暖，避免身体受到寒冷的刺激。如果身体感到寒冷，可以适当增加衣物或者在室内进行运动。

4. **保持充足的睡眠**：睡眠不足会影响身体的代谢率，从而影响减肥效果。建议每晚保证7-8小时的睡眠时间，有助于身体的新陈代谢和减肥效果的保持。

5. **坚持持久**：减肥是一个需要长期坚持的过程，不能因为一时的效果不明显就放弃。在冬天减肥，更需要坚持不懈地控制饮食和增加运动量，才能取得长期的减肥效果。

总之，冬天减肥需要注意控制饮食、增加运动量、注意保暖、保持充足的睡眠和坚持持久等方面。只有坚持不懈地努力，才能在冬天成功减肥。

图 2.71　生成的回复

扫一扫，看视频

# 第**03**章 指令的框架和细节

在用户与 AI 的对话过程中，并不是输入指令，就一定能获得满意的回复。指令的框架和细节都会对 AI 的理解与回复造成影响，因此用户需要了解相关知识，以便更好地写出主题明确、需求清晰的指令。本章主要介绍搭建指令框架和调整指令细节的方法与技巧。

🔊 **本章重点**

- 搭建框架，挖掘指令
- 细节调整，玩转技巧
- 综合实例：概括特点，创作诗词

# 3.1  搭建框架，挖掘指令

想发挥 AI 的最大作用，用户就要明白什么样的指令可以用来表达相应的需求。不同框架的指令适用于解决不同的问题，因此用户就要了解和挖掘指令所代表的含义和目的。

## 3.1.1  练习实例：结合需求，选择指令

扫一扫，看视频

指令，也可以称作提示词，它是 AI 进行回复、生成文案的依据。如果用户想要 AI 生成文案，则要提供一些文案的类型、特征、范围等信息作为指令，输入给 AI，AI 会根据指令给出相应的回复。

用户在编写指令时，应该与需求紧密结合，选择合适的指令。不同的指令所获得的 AI 文案是有区别的。下面将举例介绍在输入不同指令时，AI 给出不同的回复。

**步骤 01** 在输入框中输入比较宽泛的指令，按 Enter 键发送，便可以得到 AI 生成的回复，相关指令和回复内容如下。

---

**Q** 请写出 10 个关于穿搭的文案

**ChatGPT：**

1. 时尚不仅是一种外在的展现，更是内在品位的折射，穿搭是表达自我风格的最佳方式。

2. 在这个瞬息万变的时尚世界里，每一次的穿搭都是一次对个性的深度诠释，让自己成为风格的独一无二。

3. 选择一身合适的服装，就像选择自己的心情，它可以让你在人群中独树一帜，散发独特的光芒。

4. 时尚不分男女，穿搭不分季节。在每一个日子里，都有机会展现你的独特魅力。

5. 穿搭不仅仅是衣物的搭配，更是对生活态度的表达。每一件衣物都是一段故事的开始。

6. 有时候，一件简单的衣物就足以展现出你的品位，因为真正的时尚是不需要张扬的，它默默地散发魅力。

7. 穿搭是对自己的一种尊重，也是对生活的一种态度。不同的场合，不同的心情，都有属于自己的穿搭方案。

8. 时尚是一个循环的轮回，但个性是永恒的。在潮流中保留自己的独特风格，才是真正的穿搭艺术。

9. 穿搭是对自己外在形象的打磨，更是对内在修养的一种呼应，不仅要看得见的美，更要感受到的美。

---

10. 与其追逐时尚的脚步，不如找到适合自己的风格。因为真正的时尚不是被定义出来的，而是由你来创造的。

**步骤 02** 新建一个聊天窗口，输入比较具体的指令，按 Enter 键发送，AI 会生成满足需求的文案，相关指令和回复内容如下。

**Q** 请写出 10 个关于秋季穿搭的文案

**⑤ ChatGPT:**

1. 温柔的秋意，搭配一袭羊毛外套，感受秋风轻抚，温暖如初。

2. 秋日里，一条温暖的围巾是时尚与保暖的完美结合，让你在秋日里成为街头焦点。

3. 换季的时候，一双舒适的靴子会是你最好的朋友，既保暖又时尚。

4. 穿上一身深沉的秋色调，如深蓝、棕色，让你与秋天融为一体。

5. 秋日里，一顶时尚的帽子不仅能御寒，更能点缀整体造型，展现独特品位。

6. 穿上一条复古的牛仔裤，搭配一件简约的毛衣，打造出休闲舒适的秋日装扮。

7. 秋日时节，选择一款羽绒服，既能抵挡寒风，又能展现时尚态度。

8. 秋季的层叠搭配是最时尚的选择，尝试将针织衫、外套、围巾巧妙搭配，展现层次感。

9. 秋日午后，选择一条优雅的连衣裙，配上一双短靴，既优雅又舒适。

10. 在秋日阳光下，选择一副时尚的墨镜，不仅能防晒，还能为整体造型加分。

由上述案例可知，AI 对于宽泛的指令和具体的指令的识别度是不同的，会给用户提供不一样的回复。在输入宽泛的指令时，AI 会给出较为概念化的回复，涉及多个方面的信息；而在输入具体的指令时，AI 会给出更贴近提问的回复。两种指令各有其用处，用户选择输入哪种指令，取决于其真正的需求是什么。

## 3.1.2  练习实例：确定主题，灵活回复

一般来说，用户选择较为宽泛的指令是想要 AI 生成一些事实性、概念性的回复，如询问厄尔尼诺现象是什么、世界上最高的山脉是什么等。用户选择较为具体的指令时，大多数是想要 AI 提供一些灵活性、观念性的回复，如询问如何看待熬夜现象等。

扫一扫，看视频

从这一层面上看，编写较为宽泛的指令并不难，而编写较为具体的指令会有一定难度。因此，编写有效的、具体的指令是用户需要掌握的技能，而第一要义就是确定指令的主题。

例如，用户想通过 AI 生成一篇有关夏季防中暑的公众号文章，那么"夏季防中暑"便是指令的主题，"一篇公众号文章"则是用户的需求，组合在一起，就可以得到要输入的指令。在输入框中输入指令并发送，便可以得到 AI 生成的文章，相关指令和回复内容具体如下。

**Q** 请帮我生成一篇主题为"夏季防中暑"的公众号文章

ChatGPT:

**标题：夏季防中暑，让你清凉一夏！**

正文：

随着夏季的到来，高温天气逐渐成为我们生活中的主角。而在这炎热的季节，中暑已成为人们健康面临的普遍问题，给日常的生活带来了一定的困扰。为了确保我们度过一个清凉宜人的夏天，让我们一起来了解一下夏季防中暑的有效方法。

**1. 随时保持水分**

高温容易导致人体大量出汗，因此及时补充水分显得尤为重要。每天建议饮用充足的清水，避免过量摄入咖啡因和含糖饮料。在户外活动时，随身携带水杯，并定时饮水，确保身体水分的平衡。

**2. 避免高温时段户外活动**

午后时段是一天中温度最高的时候，因此尽量避免在这个时间段进行剧烈的户外活动。如果必须外出，尽量选择清晨或傍晚时分，减少高温对身体的影响。

**3. 合理安排室内温度**

在家中，合理使用空调或风扇，保持室内通风，避免出现高温闷热的环境。注意室内外温差不宜过大，以免对身体产生不适应。

**4. 穿着透气轻便的衣物**

夏季选择透气性好的衣物，避免穿着过厚或过紧的衣物，以减少身体在高温下的不适感。深色衣物容易吸热，建议选择浅色系列，有助于降低体感温度。

**5. 食物搭配合理**

夏季适宜食用清淡易消化的食物，如水果、蔬菜、清汤等，避免食用过于油腻或辛辣的食物。多摄入富含维生素和矿物质的食物，有助于提高身体的抵抗力。

**6. 注意防晒**

在户外活动时，要做好防晒工作，选择合适的防晒霜，并定时补涂，以防止紫外线对皮肤的伤害。佩戴太阳镜和帽子也是有效的防护手段。

总的来说，夏季防中暑需要从多个方面入手，保持良好的生活习惯和饮食结构，注重环境的调节和自身的防护，才能更好地度过这个炎热的季节。希望大家都能在清凉中享受夏天，远离中暑的困扰。

简而言之，当用户想要通过 AI 生成灵活性、观念性的回复时，则需要在指令上说明主题，并且主题需要具体到某个领域、某个行业或某个话题。

### 3.1.3 练习实例：细化描述，进行限定

用户如果在给 AI 的指令中已经说明了主题，但依然没有得到理想的回复，

可以进一步细化主题描述，多加入一些限定语言或条件。下面通过具体的案例进行说明。

步骤 01 在输入框中输入指令，按 Enter 键发送，便可以得到 AI 生成的文案，相关指令和回复内容如下。

**Q** 请提供 5 条电动牙刷的产品推广文案

**ChatGPT:**

**1. 振动洁齿，焕发微笑！**

现代人都追求高效生活，为何不让你的每一次刷牙都变得更加高效呢？我们的电动牙刷采用先进的振动技术，每分钟数千次的振动，彻底清洁牙齿间的污垢，还你一脸焕然一新的微笑！

**2. 智能护齿，呵护每一颗牙齿！**

谁说电动牙刷只是单纯的清洁工具？我们的产品不仅仅是电动牙刷，更是一台智能护齿仪。内置智能感应技术，根据你的刷牙习惯调整振动力度，呵护每一颗牙齿，让你的口腔健康始终得到最佳呵护。

**3. 告别牙渍，拥抱自信！**

牙渍让人自卑？用我们的电动牙刷告别这个困扰吧！强大的清洁能力，能有效去除牙齿表面的污垢，让你重新拥有洁白无瑕的牙齿。重新拥抱自信，从一口干净的牙齿开始！

**4. 轻松打败口臭，散发自然清新！**

不管是社交场合还是亲密相处，口臭都是个大忌讳。我们的电动牙刷不仅可以深入清洁牙齿，更能有效预防口臭问题。让你的口气自然清新，赢得自信微笑的胜利！

**5. 创新设计，给你全新刷牙体验！**

为了给你更好的刷牙体验，我们的电动牙刷采用创新设计，符合人体工程学的握柄设计，持握更舒适。同时，时尚的外观设计，让你在刷牙的同时也能感受到品位和时尚。选择我们，让刷牙不再是单调的日常，而是一场时尚与科技的碰撞！

步骤 02 单击已发送指令下方的 🖉 按钮，加入限定语言将指令进行改写；单击 Save & Submit 按钮，AI 会根据新的指令生成文案，相关指令和回复内容如下。

**Q** 请以牙齿敏感人群为目标用户，提供 5 条电动牙刷的产品推广文案

**ChatGPT:**

**1. 温和呵护，专为敏感牙齿打造！**

我们的电动牙刷配备了超软刷毛和智能传感技术，轻柔而有效地清洁牙齿，为敏感牙齿的你提供贴心呵护，告别牙齿敏感的困扰！

**2. 舒缓护理，源自先进科技！**

采用先进的声波技术，我们的电动牙刷能够以高效而温和的方式清洁牙齿，同时降低刷牙时的刺激感，为敏感牙齿用户打造专属的舒适刷牙体验。

### 3.智能感知，刷牙更得心应手！

借助智能传感器，我们的电动牙刷能够实时感知刷牙压力，智能调节振动频率，避免刷牙时对敏感牙齿的额外压力，细致呵护每一颗牙齿。

### 4.专业定制，因你而变得更好！

我们的电动牙刷附带多种刷头选项，根据个人口腔状况选择最适合的刷头，为敏感牙齿提供量身定制的护理方案，使你的笑容更加灿烂自信。

### 5.持久续航，随时随地呵护你的牙齿！

内置高性能电池，一次充电可使用数周，确保你在旅途中、办公室或家里都能方便地享受专业级的牙齿护理。告别牙齿敏感，从现在开始，拥有更健康、灿烂的笑容！

**步骤 03** 加入限定条件将指令再次进行改写，单击 Save & Submit 按钮，AI 会再次根据新的指令生成文案，相关指令和回复内容如下。

**Q** 请以牙齿敏感人群为目标用户，提供 5 条电动牙刷的产品推广文案，要求：针对目标用户的需求进行写作，提供场景化的描述

**⑤ ChatGPT：**

### 1.温柔呵护，舒适体验

拥有敏感牙齿的你，不再需要担心刷牙时的不适感！我们的电动牙刷配备了专业级的柔软刷毛和智能感应技术，能够轻柔而有效地清洁牙齿。舒适的使用体验让你感受到温暖的呵护，告别敏感困扰。

### 2.独特护理，舒缓牙龈

我们的电动牙刷采用独特的护理模式，特别为敏感牙齿和牙龈设计。通过柔和的振动和专业配方的护理牙膏，牙刷轻柔地滑过每一颗牙齿，舒缓牙龈不适，让你的每一次刷牙都成为一次温和而有效的护理。

### 3.高效清洁，零刺激

电动牙刷刷毛采用先进的科技材料，不仅具有卓越的清洁效果，而且零刺激。针对敏感牙齿用户的需求，我们的产品能够在清洁的同时最大限度减少对牙齿和牙龈的刺激，让你享受到高效清洁的同时感受到极致的舒适。

### 4.定制护理，个性呵护

每个人的口腔状况都是独一无二的，我们的电动牙刷支持多档式定制护理，根据个体差异调整振动频率和清洁时间，为你提供个性化的口腔呵护。让每一次刷牙都成为一次专属的呵护体验，满足你的独特需求。

### 5.便携设计，随时呵护

无论是在家中还是外出旅行，我们的电动牙刷都以轻巧便携的设计，随时随地为你提供呵护。搭配智能充电技术，保证牙刷始终充满电，无论身在何处，你都能轻松享受到专业级的牙齿护理。敏感牙齿不再是问题，因为我们随时为你提供舒适而高效的护理。

　　从上述案例中可以看出，AI 可以根据指令的主题细化程度给出不同的回复。一般来说，用户输入越详细的主题描述，得到高效回复的概率就会越大。

➤ 技巧提示　限定语言和限定条件的区别

　　在指令中加入限定语言是为了规定回复面向的领域、群体和表达方式；而在指令中加入限定条件，是为了明确 AI 在回复时需要遵守的具体规定或满足的要求。

　　在"请以牙齿敏感人群为目标用户，提供 5 条电动牙刷的产品推广文案，要求：针对目标用户的需求进行写作，提供场景化的描述"中，"以牙齿敏感人群为目标用户"是限定语言，明确了回复需要针对的群体；"针对目标用户的需求进行写作，提供场景化的描述"则是限定条件，要求 AI 在回复时尽量满足。

　　总的来说，在指令中同时考虑这两个方面可以有助于更精确、清晰地传达指令的目的和要求。

### 3.1.4　练习实例：指定风格，进行模仿

　　当用户不知道如何编写指令才能够获得满意的回复时，可以指定语言风格，让 AI 进行模仿，并按照特定风格来生成回复。用户可以指定自己喜欢的影视人物、动漫人物、作家等语言风格。下面通过具体的案例进行说明。

扫一扫，看视频

**Q** 请以安徒生的语言风格，创作一篇以白鲸为主角的童话故事，不超过 400 字

　　🅢 ChatGPT：

　　很久以前，大海深处有一只白色的鲸鱼，它的身上闪烁着如同银河一般的光辉。人们称之为"白梦鲸"。

　　白梦鲸喜欢游弋在无垠的海洋中，与海中的生灵分享欢乐。它有一种特殊的能力，能够让大海变得更加明亮，让鱼儿跳跃欢快，海鸟在天空中翱翔。

　　有一天，白梦鲸听到了大海深处传来的一阵阵呼救声。原来，一只小海龟被一团乱流卷入了深渊，无法自拔。白梦鲸毫不犹豫地游向了那里。

　　"喔，喔，白梦鲸，请帮助我！"小海龟哭喊道。

　　白梦鲸闪烁着明亮的光芒，用温暖的声音说："别怕，小朋友，我来帮助你。"它用强大的尾巴创造出一道温柔的水流，将小海龟包裹其中，悠然地送回到海面上。

　　小海龟高兴地说："谢谢你，白梦鲸，你真是一位善良的朋友。"

　　从那天起，白梦鲸成为大海中的守护者。它游遍大洋，帮助需要帮助的海洋生物，传递着友爱和温暖。

　　有一天，大海遭遇了一场可怕的风暴。巨大的浪潮卷起如山的水墙，海洋生物们都陷入了危险之中。白梦鲸挺身而出，用它的光芒抵挡住狂风巨浪，保护着每一个生灵。

风暴过后，白梦鲸变得更加辉煌。它的身上散发出的光辉照亮了整个大海，成为海洋中最美丽的存在。从此以后，人们在夜晚仰望星空，总会看到白梦鲸在闪烁着希望的光芒。它成为了海洋中不可或缺的一部分，永远守护着大海和海洋生物们的幸福。

### 3.1.5  练习实例：指定形式，生成表格

扫一扫，看视频

用户在与 AI 进行对话时，可以要求其以表格的形式给出回复，这种形式对于要点提炼和短视频脚本创作等相关工作有很大的帮助。下面通过具体的案例进行说明。

**Q** 请以表格的形式列举出猪肉、牛肉、鸡肉、羊肉和鱼肉的优缺点

⑤ ChatGPT：

以下是猪肉、牛肉、鸡肉、羊肉和鱼肉的优缺点的简要列举：

| 类型 | 优点 | 缺点 |
| --- | --- | --- |
| 猪肉 | 价格相对较低 | 较高的脂肪含量 |
| | 多种烹饪方式可选 | 可能携带寄生虫和病菌 |
| | 适用于多种菜肴 | 部分人可能因文化或宗教避免食用 |
| 牛肉 | 富含优质蛋白质 | 部分切割较为昂贵 |
| | 含有丰富的铁和锌 | 饲养方式和环境问题可能引起争议 |
| | 适用于烤、炖、煎等多种烹饪方式 | 高饱和脂肪可能增加心脏病风险 |
| 鸡肉 | 低脂高蛋白 | 可能带有抗生素残留 |
| | 适用于健康饮食 | 部分饲养方式引发争议 |
| | 快速烹饪时间 | 部分人可能对家禽过敏 |
| 羊肉 | 富含优质蛋白质 | 部分人因个人喜好避免食用 |
| | 含有丰富的维生素 B12 和铁 | 高脂肪和胆固醇含量 |
| | 烹饪时能够保持原有的风味 | 羊肉味较重，不适合所有人 |
| 鱼肉 | 富含 Omega-3 脂肪酸 | 部分鱼种可能受到过度捕捞的影响 |
| | 有益心血管健康 | 汞和其他污染物可能存在于某些鱼类 |
| | 低饱和脂肪 | 部分人因个人喜好避免食用 |

请注意，个体差异、文化、宗教和个人偏好可能影响人们对不同肉类的选择。在选择食物时，建议根据个人健康状况、营养需求和个人价值观综合考虑。

### 3.1.6　练习实例：指定受众，目标明确

　　用户在与 AI 进行对话时，可以指定受众群体。通过提供特定领域、特定背景或专业知识的相关问题，可以让 AI 更好地理解你的需求，从而提供更准确、高效的回复。下面通过具体的案例进行说明。

扫一扫，看视频

> **Q** 请针对南方小个子女生，创作一篇有关冲锋衣的产品推广文案，要求：突出冲锋衣的面料、质量和实用性

**ChatGPT：**

**1. 南风微雨，轻便冲锋衣**

　　在南方的雨季，纵使身形娇小，却也能穿越风雨无阻。一件轻巧而强大的武装，助你在每一场冒险中尽显飒爽。那就是我们全新推出的冲锋衣——一款为南方小个子女生度身定制的防风神器。

**2. 轻盈而坚韧，面料专注**

　　南方的雨季来势汹汹，所以我们采用了轻盈而坚韧的面料，打破传统厚重的束缚感。特选高密度尼龙面料，无惧狂风骤雨，为你打造一把披挂在身上的风雨利刃。

**3. 细致品质，绝不马虎**

　　冲锋衣的每一个细节，都是品质的象征。精湛的裁剪工艺，使得衣服贴身而有型。精选高质量拉链，防水处理，保障你在激烈活动中始终保持干爽。无论是行走在城市街头还是穿越山川大地，冲锋衣都是你的忠实伙伴。

**4. 实用性设计，处处体贴**

　　为了满足南方小个子女生的需求，我们特别在设计中注入了更多的实用性元素。人性化的口袋设计，方便你随时存放手机、钱包等随身物品；可调节的帽子，让你在雨中也能保持清新一笑。冲锋衣的款式多样，可搭配出各种风格，让你在不同场合中都能自信亮相。

　　南方的小雨，无法阻挡你的追求。这一季，选择一件冲锋衣，敞开心扉，与风雨同行，成为勇敢的南方女孩。

### 3.1.7　练习实例：设定视角，多样叙述

　　在平时的写作过程中，用户可以通过在不同的段落或章节中使用不同的视角，引入不同的人物、观点或经历，从而丰富文章的内容。将该思路运用到编写指令中，可以让 AI 更好地完成创作任务。下面通过具体的案例进行说明。

扫一扫，看视频

**Q 请以第二人称视角创作一篇保温壶的广告文案**

**ChatGPT:**

温馨提醒：在这个寒冷的季节里，你是否感到身体的每一寸都在冻结？是否在寻找一种能够温暖你整个冬天方式？别再犹豫，让我们向你介绍——「温馨时光」保温壶！

当你在寒风中漫步时，温馨时光保温壶将成为你最亲密的伴侣。它不仅仅是一款普通的保温壶，更是一道魔法的屏障，能够将温暖一直锁在壶中，陪伴你度过每一个寒冷的瞬间。

「温馨时光」保温壶，采用先进的保温技术，为你的饮品提供长时间的温暖，保持原汁原味的口感。无论是热茶、咖啡还是暖心的汤羹，都能在这个季节里变得更加美味。

设计精巧的外观，让「温馨时光」保温壶成为你不可或缺的时尚配饰。不仅如此，它还拥有防漏设计，让你在忙碌的生活中不再为不慎泄漏而烦恼。轻巧便携的外形，让你可以随时随地享受到温暖。

在这个寒冷的季节里，选择一款「温馨时光」保温壶，就是为自己的生活添加一抹温暖的颜色。让温馨时光伴随你，温暖你的心灵，为寒冷的季节增添一份温暖，让每一刻都成为美好时光。

选择「温馨时光」保温壶，让温暖始终伴随你，让寒冷不再是你的孤单。现在就行动起来，为自己的生活添一份温馨！

### 3.1.8 练习实例：加入种子词，避免跑题

扫一扫，看视频

种子词是指生成文章中需要包含的字词。在指令中加入种子词，可以避免AI 的回复出现跑题的情况，并更快地提取到恰当的文本数据，从而生成更为有效的答案。下面通过具体的案例进行说明。

**Q 请根据种子词生成一篇洗发水的小红书推广笔记，不超过 500 个字**
**种子词：中草药成分，柔顺，控油**

**ChatGPT:**

**标题：探寻中草药奇迹，发现秘密柔顺力量！**

大家好，我是洗发水控油小达人，今天要和大家分享我最新发现的一款神奇洗发水！

这款洗发水的一大亮点就是它独特的中草药成分，天然植物精华，让我仿佛置身于清新的草药花园。感受到自然的呵护，我的头发仿佛也迸发出健康的活力！

首先，让我来聊聊中草药成分。这款洗发水采用了多种中草药精华，如当归、川芎、黄芪等，这些植物的精华不仅深层滋养头发，更有助于头皮的舒缓与修复，让头发从根部变得更加健康。

而对于控油的需求，这款洗发水简直是我的救星！一直以来都为油腻的发根而苦恼，但使用了这款洗发水之后，头发立刻清爽干净，不再担心一整天都感觉发油。中草药的力量真是惊艳，让我告别了油光满头的尴尬瞬间！

更让我惊喜的是，这款洗发水在控油的同时，还能令头发变得柔顺丝滑。我不再为头发打结而烦恼，梳理起来简直轻松无比！柔顺的发丝让整个发型看起来更加迷人、动人，让人自信满满。

总的来说，这款洗发水简直是我找了好久的理想之选。它不仅令我头发变得健康、有光泽，而且还解决了我一直以来的控油难题，实在是太让我惊喜了！如果你也在寻找一款富含中草药成分、柔顺、控油的洗发水，千万不要错过。让我们一起迎接美丽发型的新起点吧！ # 中草药洗发 # 柔顺控油

## 3.2 细节调整，玩转技巧

俗话说："细节决定成败。"这个道理在指令上也适用。想让 AI 生成满意的文案，就要在细节处调整指令，让指令能更好地发挥作用。

### 3.2.1 练习实例：使用符号，分隔话语

当用户想提供一些示例给 AI，或者想让 AI 执行比较复杂的任务时，使用分隔符将不同类型的文本进行分隔，有助于消除歧义，避免 AI 对任务的误解，从而提升回复的准确率和质量。下面通过具体的案例进行说明。

扫一扫，看视频

**Q** 请分别用一句话总结两段文本的主题思想。

海豚以其出色的智力而著称，被认为是哺乳动物中最聪明的一类。它们具有复杂的思维能力，能够解决问题、学习新技能，并展现出对周围环境的敏感性。海豚的大脑相对较大，特别发达的海豚脑部结构使其具备了出色的学习和记忆能力。

海豚是非常喜欢社交的动物，它们经常以群体的形式生活在一起。这些群体被称为"群"，通常由数十至数百只海豚组成。群体中的成员之间保持着紧密的联系，彼此之间建立了强烈的社交关系。这种社交性有助于它们在海洋中更好地合作和生存。

**ChatGPT：**

第一段主题思想：海豚以其卓越的智力、学习和记忆能力而著称。

第二段主题思想：海豚是喜欢社交的动物，通过形成密切的社交关系和群体生活方式来更好地合作和生存。

### → 知识扩展 进行分隔的其他方法

除了使用分段符之外，用户也可以使用单引号（' '）、双引号（" "）、三引号（如 """ """）和括号（如 []）等符号对内容进行分隔。另外，分章节或使用标题对内容进行区分，或者在内容前进行标注也是不错的方法。

需要注意的是，最好不要使用太多的分隔符或标注，否则指令就会变得非常复杂、凌乱，既不利于用户自己检查指令，也不利于 AI 更好地进行理解和反应。

### 3.2.2 练习实例：指定步骤，依次回复

扫一扫，看视频

当用户想让 AI 完成复杂的任务时，为了能够获得满意的回复，最好在指令中指定步骤，让 AI 遵循步骤依次生成回复。这样做既能让指令变得更清晰、准确，提高指令的有效性，又能提高 AI 回复的效率，并生成定制化的回复。下面通过具体的案例进行说明。

---

**Q** 请对地球和火星进行比较，根据以下步骤进行回复，回复时不要标明"第 X 步"

第一步：提供关于地球的基本信息

第二步：提供关于火星的基本信息

第三步：提供地球和火星的相同点

第四步：提供地球和火星的不同点

第五步：对以上内容进行总结

---

**ChatGPT：**

地球是太阳系内的第三颗行星，距离太阳约 1.496 亿公里，拥有适宜生命存在的气候和环境。地球的直径约为 12,742 公里，自转周期为大约 24 小时。

火星是太阳系内的第四颗行星，位于地球之外。火星的直径约为 6,779 公里，表面呈现红色，因含有铁氧化物而得名为"红色星球"。火星的自转周期约为 24.6 小时，公转周期约为 687 个地球日。

地球和火星都是太阳系内的行星，都围绕太阳公转，并有自己的自转。它们都有大气层，地球的大气含氧，而火星的大气主要由二氧化碳组成。

地球和火星的不同点包括气候条件、大气成分和存在生命的可能性。地球具有多样化的气候，包括温带、极地和热带区域，而火星表面气温极低，大气稀薄。地球上有水和大量生物，而火星表面水源稀少，目前尚未发现明确的生命存在证据。

总体而言，地球和火星是两个有着相似基本结构的行星，但它们在气候、大气成分和生命存在方面存在显著差异。地球是唯一已知存在生命的行星，而火星则是科学研究和未来探索的目标之一。

简而言之，当用户想要通过 AI 生成灵活性、观念性的回复时，则需要在指令上说明主题，并且主题需要具体到某个领域、某个行业或某个话题。

### 3.2.3 练习实例：指定长度，控制字数

不同平台、题材、性质和用途的文案在长度上可能有不同的要求，用户如果不想后期自行调整，可以在指令中对长度进行指定，包括单词数、句子数、段落数和字数等。下面通过具体的案例进行说明。

扫一扫，看视频

**步骤 01** 在输入框中输入不指定字数的指令，按 Enter 键发送，便可以得到 AI 生成的文章，相关指令和回复内容如下。

**Q** 请写一篇关于鱿鱼和章鱼的区别的科普文章

**ChatGPT：**

**标题：鱿鱼与章鱼——海洋中的两位不同之星**

海洋深邃而神秘，隐藏着无数奇异的生物。鱿鱼和章鱼是其中两个引人注目的角色，它们在海底世界中展现出独特的魅力。尽管它们都属于软体动物门，但在许多方面，鱿鱼和章鱼之间存在着明显的区别。本文将深入探讨这两种神秘生物的特征、习性和生活方式。

首先，鱿鱼和章鱼在外形上有明显的不同。鱿鱼的身体呈长圆筒形，头部较小，身体的两侧有两个较长的触腕，通常配有两个较短的吸盘带。相比之下，章鱼的外形更为独特，它们通常具有圆形的身体，头部与身体融为一体，触腕较短，而吸盘则较大。此外，章鱼还具有一种特殊的特征，即足部的吸盘数量较多，可达数百个，而鱿鱼的吸盘则相对较少。

鱿鱼和章鱼在习性和行为上也存在显著差异。鱿鱼通常是游泳的专家，它们通过喷射水流来推动自己前进，速度相当惊人。这种游泳方式使得鱿鱼更为灵活，能够在水中迅速穿梭。相比之下，章鱼更倾向于在海底行走，通过调节体内的水分来移动。章鱼的这种行走方式使得它们能够更好地融入海底环境，同时也增加了它们的觅食效率。

另一个引人瞩目的区别是它们的生活方式。鱿鱼通常是群居的生物，经常以大群一起行动。它们喜欢在较深的水域中活动，捕食小鱼和甲壳类动物。相比之下，章鱼更为独立，它们往往是孤独的猎手。章鱼常常选择在海底寻找避难所，以躲避捕食者，同时也更容易在这个相对隐蔽的环境中捕获猎物。

总的来说，鱿鱼和章鱼虽然在外观上相似，都属于软体动物门，但它们在身体结构、习性和生活方式等方面存在明显的差异。这些差异使得它们在海洋生态系统中发挥着不同的角色，展现出各自独特的魅力。深入了解这两种生物有助于我们更好地理解海洋生态系统的多样性，为保护海洋生物提供更科学的依据。

**步骤 02** 在输入框中输入指定了字数的指令，按 Enter 键发送，便可以得到相应字数的文章，相关指令和回复内容如下。

**Q** 请写一篇关于鱿鱼和章鱼的区别的科普文章，300 字左右

**ChatGPT：**

鱿鱼和章鱼，两者皆属于软体动物门，但在外貌、习性和生活方式上存在显著差异。

外貌方面，鱿鱼身体呈长圆筒形，两侧有长触腕，而章鱼则具有相对较短的触腕，身体通常为圆形，头部与身体相连。此外，章鱼的足部吸盘数量较多。

在习性和行为上，鱿鱼是出色的游泳者，通过喷射水流迅速移动，而章鱼更擅长在海底行走，通过调节水分来移动。这种差异使它们在捕食和逃避捕食者时采取了不同的策略。

生活方式上，鱿鱼喜欢群居，常在深水中捕食小鱼和甲壳类动物。相反，章鱼更为独立，通常选择在海底找到避难所，以躲避捕食者。

总体而言，鱿鱼和章鱼虽有相似之处，但在细节上呈现出引人注目的差异，使它们在海洋生态系统中分别发挥着独特的角色。深入了解这两种生物有助于拓宽我们对海洋生物多样性的认识。

**温馨提示**

由于 AI 带有随机性，并且智能程度还有提升的空间，暂时无法完全精准地生成相应的字数，可能会出现生成的回复略微多于或少于指定字数的情况。

### 3.2.4 练习实例：限定范围，避免胡编

当用户提出的问题需要在特定的资料中寻找答案，并且资料的内容量合适时，就可以将资料提供给 AI，并限定 AI 搜寻的范围，这样既能让 AI 的回复更符合需求，也可以避免出现 AI 胡乱编造回复的情况。下面通过具体的案例进行

扫一扫，看视频　说明。

**Q** 请从我所提供的文章中找到问题的答案，如果在文中找不到答案，则告诉我"找不到答案。"

问题一：竹子在建筑设计中有哪些独特的贡献？

问题二：在建筑设计中，竹子有哪些缺点？

文章：

竹子，作为一种传统的建筑材料，在现代建筑中再次引起了人们的关注。其轻巧、坚固和可持续的特性使其成为建筑设计中的理想选择。

首先，竹子在结构设计中发挥了重要作用。其高强度和轻质特性使得竹子成为一种理想的结构支撑材料。在许多现代建筑项目中，竹子被用于构建梁、柱、桥梁等结构，为建筑提供了可靠的支持。

其次，竹子在建筑外观设计中也有着独特的贡献。其自然的纹理和颜色使得竹子成为一种极具装饰性的建筑材料。设计师们通过巧妙地运用竹子，打造出独特而富有

艺术感的建筑外观，既满足了实用性需求，又提升了建筑的美感。

此外，竹子在环保方面的特性也使其在现代建筑中备受青睐。竹子生长迅速，可在短时间内成熟，因此具有可再生性。相比于传统的木材，竹子的采伐对环境的影响更小，符合可持续发展的理念。

最后，竹子还在建筑的室内设计中找到了广泛的应用。竹子的保温性能较好，能够在一定程度上调节室内温度，使其成为一种理想的室内装饰材料。同时，竹子的天然纤维也被用于制作地板、墙壁等室内装饰材料，为建筑营造出清新自然的氛围。

总体而言，竹子在现代建筑中的应用远不止以上几点，其多样化的特性使其成为建筑设计中的瑰宝。在追求可持续、环保和美观的建筑理念下，竹子正逐渐成为现代建筑中备受推崇的材料之一。

---

ChatGPT：

问题一：竹子在建筑设计中有哪些独特的贡献？

答案：竹子在建筑设计中有多方面的独特贡献。首先，它在结构设计中发挥着重要作用，由于其高强度和轻质特性，成为理想的结构支撑材料。其次，竹子在建筑外观设计中具有独特的装饰性，通过其自然纹理和颜色，设计师能够打造出富有艺术感的建筑外观。此外，竹子在环保方面的特性也为现代建筑提供了可持续的选择，因其生长迅速、可再生性高，相较于传统木材对环境影响更小。最后，竹子还在建筑的室内设计中得到广泛应用，其保温性能和天然纤维可用于制作地板、墙壁等室内装饰材料。

问题二：在建筑设计中，竹子有哪些缺点？

找不到答案。

---

## 3.3　综合实例：概括特点，创作诗词

诗词是一种意蕴丰富、情感浓厚的文本，通常带有诗人独特的叙事方式与思维模式。ChatGPT 在学习了大量的诗词数据之后，也能够通过数据排序的方式创作诗词，只需用户给予适当的指令。

扫一扫，看视频

Q　请根据以下步骤进行回复，回复时不要标明"第 X 步"

第一步：总结唐代诗人李白诗词的特点，输出为"李白诗词特点"

第二步：根据李白诗词的特点，仿写一首主题为大海的诗词，输出为"李白诗词仿写"

第三步：点评仿写的诗词，输出为"诗词点评"

**ChatGPT:**

**李白诗词特点:**

李白是唐代杰出的诗人之一,他的诗歌充满豪放奔放的个性,以豪迈、奔放、豁达为主要特点。他笔下的意境常常宏伟壮观,情感表达激昂豪放,以及对自然、人生、酒的狂热热爱。此外,他的作品中常有豪情壮志,反映了他个性中的不羁与豁达。

**李白诗词仿写:**

苍茫海面波澜起,千里浪花涌风姿。

临风凌云心气豪,逐浪乘风笑傲游。

**诗词点评:**

仿写中力求保持李白诗歌的豪放风格,通过描绘海面波澜壮阔的场景、强烈的个人情感以及对自由的向往,表达了一种豁达奔放的精神。然而,需要注意的是在仿写过程中尽量避免简单的模仿,应该加入一些个性化的元素,以保持原创性和独特性。

# 本章小结

本章主要向读者介绍了指令的框架和细节的相关知识,具体内容包括:掌握指令框架的搭建方法,如结合需求选择指令、确定主题、细化描述、指定风格、指定形式、指定受众、设定视角和加入种子词等;掌握指令细节的调整技巧,如使用分隔符、指定回复的步骤、指定回复的长度和限定搜寻的范围等;最后还安排了一个综合实例,将介绍如何让AI写作诗词。

通过对本章的学习,读者能够更好地掌握搭建指令框架和构建指令细节的方法。

# 课后习题

1. 让AI根据"夕阳、摄影、相机、新手"等种子词,创作一篇摄影课程的公众号推广文章,不超过300字,生成的回复如下。

**ChatGPT:**

扫一扫,看视频

金色夕阳,是大自然最美的馈赠,而摄影,则是记录这一刻美丽的最佳方式。你是否也曾因手握相机而迷失在夕阳余晖中呢?别担心,我们为您打造了专属新手的摄影课程,让您在夕阳下轻松驾驭相机!

摄影是一门艺术,更是一门技能。在课程中,我们将教您如何正确使用相机,调整光圈、快门速度和ISO,捕捉夕阳下的绚丽光影。不管您是新手还是已经有一些基础的摄影爱好者,我们都有专业的导师为您量身定制课程,确保您快速掌握摄影的精髓。

在夕阳的映衬下，学员们将有机会在现场实践中提升技能，捕捉夕阳时分的魅力瞬间。我们提供最新款的相机设备，让您尽情发挥创意，记录下独一无二的夕阳美景。

加入我们的夕阳摄影课程，不仅能够拥有一批志同道合的摄影伙伴，更能够在夕阳下留下属于自己的摄影足迹。让我们一同迎接夕阳，用相机定格美好瞬间！

现在就报名参加吧！让夕阳成为您摄影路上的启程，开启一段充满艺术和激情的旅程。期待与您一同分享摄影的美妙世界！

2. 让 AI 以美甲爱好者为目标受众，写 5 条抖音短视频标题文案，生成的回复如下。

> **ChatGPT：**
>
> **1. 炫彩指尖时光！** 跟我学最新美甲设计！＃美甲爱好者＃指尖艺术＃抖音美甲教程
>
> **2. 变身指尖画家！** 用指甲打造独一无二的艺术品！＃创意美甲＃抖音美甲秀＃美甲爱好者必看
>
> 扫一扫，看视频
>
> **3. 探索奇幻指尖世界！** 五分钟搞定超仙美甲，速来围观！＃仙气美甲＃抖音指甲魔法＃美甲爱好者福利
>
> **4. 时尚美甲大揭秘！** 2024 最热潮流指甲设计，赶紧 get 新技能！＃潮流美甲＃指尖时尚＃美甲爱好者集结
>
> **5. 指尖跳动的音符！** 一起感受音乐与美甲的完美融合！＃音乐美甲＃抖音指甲艺术＃美甲爱好者的独家分享

# 第 **04** 章　指令的编写和优化

AI 文案的创作方式是用户先发送指令，AI 再根据指令进行生成。因此，用户如果想获得满足需求的文案，就需要在指令上下功夫，让指令能够充分包含用户的需求，并能被 AI 所理解。本章主要介绍编写和优化指令的方法与技巧，帮助用户写出能完整表达需求的指令，从而生成高质量文案。

## ◀)) 本章重点

- 编写指令，了解方法
- 优化指令，运用技巧
- 综合实例：设计指令，生成文案

# 4.1　编写指令，了解方法

在人与人的沟通过程中，通常会需要使用一些方法来让沟通变得更顺畅、让交流变得更和谐。与 AI 的沟通也一样，用户可以通过使用合适的方法，让 AI 更好地理解对话的目的，从而生成用户需要的文案。

## 4.1.1　练习实例：明确目标，指令清晰

用户在输入指令之前，首先要明确指令的目标，即你想要得到什么样的结果。例如，想要让 AI 生成一篇关于某个主题的文章，就要明确文章的主题、字数、写作风格等要求。下面通过具体的案例进行说明。

扫一扫，看视频

**Q** 以"人工智能在珠宝设计领域中的应用"为主题，写一篇科普文章，要求：不超过500 字，写作风格专业又不失幽默

**⑤ ChatGPT：**

**人工智能在珠宝设计领域的应用**

随着科技的不断进步，人工智能（AI）已经渗透到了各行各业，其中包括珠宝设计领域。传统的珠宝设计往往依赖于设计师的创意和手工技艺，但现代科技的介入为这个古老而华丽的领域注入了新的活力。

首先，AI 在珠宝设计中的应用突破了传统的设计模式。通过深度学习算法，AI 可以分析大量的设计数据和趋势，为设计师提供灵感。这就好比有一个无穷无尽的设计灵感宝库，设计师们只需轻轻一触，便能得到源源不断的灵感，为他们的创作提供新的方向。

其次，AI 在设计过程中的角色逐渐从"助手"转变为"合作者"。借助生成对抗网络（GANs）等技术，AI 可以生成独特而惊艳的设计草图，与设计师进行互动，进行实时的创意交流。这种合作模式既保留了设计师的创意主导性，又为设计过程注入了更多可能性，实现了人机合作的最佳平衡。

除此之外，AI 在珠宝设计中的应用还延伸到了定制化服务。通过分析消费者的个人喜好、生活方式和审美倾向，AI 可以为每位顾客定制独一无二的珠宝设计方案。这不仅提高了珠宝的个性化水平，也增强了消费者的参与感和满意度。

当然，我们不能忽略 AI 在设计优化方面的贡献。通过在设计过程中收集反馈数据，AI 可以不断学习并优化设计，提高珠宝的质量和符合度。这种"智能设计"的模式使得每一件珠宝都更加完美，符合现代人对于精致和品质的追求。

总的来说，人工智能在珠宝设计领域的应用，不仅为设计师提供了更广阔的创作空间，也为消费者带来了更个性化、优质的产品体验。未来，随着科技的不断演进，我们有理由期待在珠宝设计中人工智能带来的更多惊喜和创新。或许，在不久的将来，你的心仪珠宝设计师可能正是一位 AI 大师，为你打造出一件独一无二的艺术品。

通过提供清晰的指令，可以确保 AI 生成满足用户需求的高质量内容，减少错误和偏差。当然，要做到这一点，需要注意指令的准确性和详细性，即指令应该清晰、明确，涵盖用户所希望生成内容的主题和要点。

### 4.1.2 练习实例：精心设计，注重质量

扫一扫，看视频

在设计指令内容时，我们要注重质量而非数量，尽可能提供详细、准确、具有启发性的信息，以激发 AI 的创造力。同时，还要避免提供过多的限制性信息，给 AI 留下一定的自由发挥空间。下面通过具体的案例进行说明。

> **Q** 主题：长时间佩戴耳机的坏处
>
> 结构：引言、长时间佩戴耳机对身体的损伤、长时间佩戴耳机对心理的损伤、结论

**⑤ ChatGPT：**

**主题：长时间佩戴耳机的坏处**

**引言**

在现代社会中，耳机已经成为人们生活中不可或缺的一部分，为我们提供了随时随地享受音乐、收听信息的便利。然而，长时间佩戴耳机也带来了一系列的健康问题，涉及身体和心理层面。本文将深入探讨长时间佩戴耳机可能带来的不良影响。

**长时间佩戴耳机对身体的损伤**

长时间佩戴耳机会导致耳道患病，增加耳蜡堵塞的风险，甚至引发听力损伤。此外，过度使用耳机可能导致颈部肌肉紧张，引发颈椎问题。持续的高音量音乐也可能对耳朵的听觉系统产生负面影响，增加患上耳鸣或听力下降的风险。

**长时间佩戴耳机对心理的损伤**

耳机能够将使用者与外界隔绝，但长时间隔绝可能导致孤独感、社交障碍和焦虑症状的增加。沉浸在音乐或声音中可能阻碍人们与他人的正常沟通，加剧社交问题。此外，持续听取刺激性的音频内容，如高强度音乐或嘈杂的环境声音，可能增加精神疲劳和紧张感。

**结论**

虽然耳机为我们提供了方便和愉悦，但长时间佩戴耳机所带来的身体和心理问题也是不容忽视的。为了维护健康，使用者应该注意适度使用耳机，定期休息，避免长时间高音量的音乐，以及保持适度的社交活动。在享受便利的同时，我们也应当关注和呵护自己的身体和心理健康。

通过精心设计指令内容，我们可以更好地激发 AI 的创造力，使其生成更高质量的文案

内容。在实际使用中，用户可以根据不同的需求和场景，灵活调整指令内容，以达到最佳的生成效果。

### 4.1.3　练习实例：自然语言，便于理解

自然语言是指人类日常使用的语言，包括口语和书面语。与计算机语言不同，自然语言是人类用来表述问题或需求的方式，几乎所有人都能轻松理解；计算机语言则是人们为了与计算机进行交互而设计的特定语言，一般人是无法理解的。

在与 AI 对话的过程中，用户要尽量使用自然语言来编写指令，避免使用过于复杂或专业的语言。AI 是基于自然语言处理的模型，使用自然语言编写的指令可以让 AI 更好地理解用户的需求，并生成自然、流畅的回答。下面通过具体的案例进行说明。

扫一扫，看视频

> **Q** 请为我推荐一些健康又好吃的零食

> **⑤ ChatGPT：**
>
> 当选择健康又好吃的零食时，可以考虑以下一些选项。
>
> **1. 坚果和种子：** 坚果和种子富含健康脂肪、蛋白质和纤维。例如，杏仁、核桃、腰果、葵花籽等都是不错的选择。
>
> **2. 水果干：** 无糖或低糖的水果干是富含维生素和纤维的零食。葡萄干、无花果干、杏干等都是不错的选择。
>
> **3. 酸奶和坚果混合物：** 将天然酸奶与新鲜水果或坚果混合，既能提供蛋白质，又有丰富的营养。
>
> **4. 蔬菜条和酱：** 胡萝卜、芹菜、黄瓜等蔬菜条搭配低脂的酸奶或坚果酱，是一种健康又美味的选择。
>
> **5. 全麦饼干和花生酱：** 选择低糖、全麦成分的饼干，搭配天然花生酱，是一种既能提供能量又富含纤维的零食。
>
> **6. 无糖混合坚果棒：** 选择含有坚果、籽类、水果等成分的无糖或低糖坚果棒，是一个方便的健康零食。
>
> **7. 蔬果脆片：** 例如苹果片、香蕉片等，可以作为口感脆爽的健康零食。
>
> **8. 无糖酸奶：** 选择低脂、无糖或低糖的天然酸奶，搭配新鲜水果或一些坚果，营养又美味。
>
> 在选择零食时，最好关注成分表，避免高糖、高盐和高脂肪的食品。适量的零食可以作为补充能量和营养的方式，但仍应保持均衡饮食，以确保身体获得全面的营养。

> **➔ 温馨提示**
>
> 用户输入的指令内容要简洁明了，避免使用过多的词汇或语句。过多的修饰反而会让 AI 抓不住重点，从而影响它生成的内容质量。

### 4.1.4 练习实例：提供示例，引导生成

用户在指令中可以给 AI 提供一些示例和引导，从而帮助 AI 更好地理解需求。例如，用户可以提供一些相关的话题、关键词、短语，或者描述一个场景、故事。下面通过具体的案例进行说明。

扫一扫，看视频

**Q** 请将以下文本扩写为一篇 600 字以内的故事，让内容更加翔实，要求：充满新奇的想象，结局反转

文本：小花本来是一个普通的女大学生，由于个性开朗、活泼，因此人缘很好，忽然有一天，她发现自己可以听到别人的心声

**⑤ ChatGPT：**

在一个平凡的大学校园里，有一个普通但开朗活泼的女大学生，她名叫小花。小花是那种总是能够给身边的人带来欢笑和愉快氛围的存在。她的阳光个性使得她在校园里交到了许多好朋友，成为人们羡慕的对象。

然而，小花的生活在某一天发生了翻天覆地的变化。她突然间发现自己竟然能够听到别人的心声，这一超自然的能力彻底颠覆了她平凡的大学生活。起初，小花并不相信自己的耳朵，她试图用手捂住耳朵，希望摆脱这种奇异的感觉。然而，无论她怎么努力，那些心声依然清晰可闻。

最初，小花对这种神秘的能力感到无比惊慌和困扰。她听到了同学们内心深处的私密想法，也意外地了解到了一些不为人知的秘密。渐渐地，她开始学会控制这种能力，成为了校园中一个独特而神秘的存在。

小花的新奇冒险并没有止步于此。她决定利用这个神秘的能力帮助别人解决问题，成为一位心灵导师。她能够透过心声洞悉他人的需求和痛苦，为他们提供恰到好处的建议，让人们在迷茫时找到方向。小花成了校园里备受尊敬的人物，她的神秘能力也逐渐被人们接受和理解。

然而，就在小花以为她的生活会一直如此充实而幸福的时候，一个意外的情节发生了。有一天，她无意中听到了一个陌生男子的心声，发现他的计划是要利用小花的超能力进行某种不法勾当。小花震惊之余，决定挺身而出，阻止这场可能危害到他人的阴谋。

她追踪着这个陌生男子，发现他的目标竟然是校园里的一项重要活动。小花决定采取行动，她秘密地将计划告知了活动组织方，同时也通知了校园安全人员。在她的协助下，警方成功地阻止了那场潜在的危机，人们对小花的敬仰之情更加沸腾。

然而，就在所有事情都平息下来的时候，小花却再次听到了陌生男子的心声。原来，他一直都知道小花能够听到心声，而他之所以让小花介入，只是为了测试她的忠诚度。这一切都只是一场他设计的心理游戏，而小花不过是他计划中的棋子。

小花愤怒、震惊、无法置信。她没想到自己的善良和真诚竟然被一个冷酷心机的人利用。然而，正当陌生男子得意洋洋以为自己胜利的时候，小花露出了一个微笑。原来，她早已洞悉了他的计划，并在他的计谋中化解了危机。

小花用她的智慧和坚韧战胜了陌生男子，让他的阴谋无功而返。而她的超自然能力，也变成了她保护人们安全的一把利剑。最终，小花的故事成为了校园传说，她也因此成为了一位真正的英雄。她用自己的善良和智慧，打败了那个曾试图利用她的人，为校园带来了平安和安宁。

### 4.1.5 练习实例：问题形式，明确具体

用户可以采用问题的形式提出希望 AI 回答或讨论的内容，如"什么是机器学习及其应用领域"。注意，问题要明确、具体，不要太宽泛，避免像"告诉我关于机器学习的全部知识是什么"这样过于开放式的问题。另外，用户可以使用"如何""为什么""什么"等提问词来构建指令。下面通过具体的案例进行说明。

扫一扫，看视频

**Q** 为什么有人喜欢在网络上攻击其他人？

**ChatGPT：**

网络上攻击他人的原因复杂多样，涉及心理、社会和文化等多个方面。以下是一些可能的原因。

**1. 匿名性：** 在网络上，许多人可以选择保持匿名，这使得他们感觉可以逃避责任。匿名性可能会激发一些人更容易采取攻击性的行为，因为他们不必担心实际生活中的后果。

**2. 社交压力：** 一些人可能在现实生活中感到无助或无权，而在网络上通过攻击他人来寻找一种自我表达的途径。这可以被视为一种对社会权力结构的反抗。

**3. 群体动力学：** 在一些情况下，个体可能会加入某种攻击行为，以融入一个特定的社交群体。这种群体动力学有时可以导致人们在网络上表现得更具攻击性。

**4. 缺乏同理心：** 在虚拟环境中，人们可能感觉与实际生活中的人脱离，缺乏面对面的交流。这种缺乏直接接触可能导致一些人缺乏同理心，更容易对他人采取攻击性行为。

**5. 不安全感：** 有些人可能由于自身的不安全感而试图通过攻击他人来建立自己的优越感。这可能是一种应对心理上的不适应的方式。

**6. 文化和社交媒体的影响：** 一些文化和社交媒体的氛围可能促使人们更容易采取攻击性行为。例如，一些社交媒体平台上的争论文化和负面言论可能鼓励攻击性的言论和行为。

总体而言，网络上攻击他人的原因是一个复杂的问题，涉及个体心理、社会文化和技术等多个层面。理解这些因素有助于采取措施来减少网络暴力和提高网络文化的健康水平。

**➡ 技巧提示 采用问题的形式进行提问的更多技巧**

除了问题要明确具体和使用"如何""为什么"等词进行提问之外，用户在采用问题的形式编写指令时，还可以参考以下技巧。

（1）将问题分解成多个小问题，每次只提出一个具体的问题，然后根据 AI 的回答进行追问，使对话内容的主题更加明确。

（2）在问题中提供足够的背景和上下文信息，让 AI 充分理解用户的意图，此时可以先简要描述背景，再提出相关问题。

（3）使用 AI 回答中提供的信息进一步提问，使对话内容更加深入。

（4）使用不同的表述方式进行提问，评估不同问题的回答质量。

（5）尝试使用一系列相关的问题探索一个主题。

（6）如果 AI 的回答没有完全满足用户的要求，用户可以重新提问，修改提问的方式来获得更好的回答。

（7）提出稍微开放式的问题，避免 AI 只能回答 yes/no 的关闭式问题，让 AI 给出更长更全面的回答。

（8）遵循由表及里的提问顺序，从基本的问题出发，再深入具体的细节，不要一次性提出很多问题。

### 4.1.6 练习实例：添加细节，理解需求

用户在指令中提供具体、详细的细节和信息，可以帮助 AI 更好地理解需求，从而生成更准确、具体的回复。下面通过具体的案例进行说明。

扫一扫，看视频

**Q** 国庆假期间，我的女性朋友来找我玩一天，请你根据以下信息帮我安排一些行程

【天气】：晴天

【交通】：地铁或公交

【喜好】：我和朋友都喜欢摄影、买饰品和看电影；她不喜欢人多的地方，我的体力不好；我们两都很能吃辣，她喜欢甜味的饮料，我却不喜欢

#### ⑤ ChatGPT：

在国庆假期的晴天里，你可以为你和女性朋友安排一天的行程，考虑到你们的喜好和特点。以下是一些建议。

**1. 早上：摄影探险**

- 选择一个美丽的公园或风景区，搭乘地铁或公交前往。

- 在那里可以享受清晨的阳光，进行摄影活动，记录美好的瞬间。

**2. 中午：小休与美食**

- 找一家安静且不拥挤的餐厅，可以尝试一些辣味美食，满足你们对辣的喜好。

- 你们可以选择轻松的菜品，同时提供一些甜味的饮料，满足她对甜味的喜好。

**3. 下午：饰品购物**

- 在附近的购物区域逛逛，特别关注一些卖饰品的小店。

- 可以一起挑选一些喜欢的饰品，或者为彼此挑选礼物。

#### 4. 傍晚：电影时光

- 在附近的电影院选择一部感兴趣的电影，注意选择一个时间段人流不太多的时候。

- 享受电影时光，不受打扰地欣赏影片。

#### 5. 晚上：美味夜宵

- 在附近找一家夜市或小吃街，品尝一些特色小吃。

- 如果有摊位提供辣味小吃，那就更好了。

#### 6. 结束：地铁回家

- 安排合适的时间，搭乘地铁回家，避免交通堵塞的情况。

通过这样的安排，你们可以在一个轻松、愉快的氛围中度过一天，满足彼此的兴趣和口味。同时，避免了人多的地方，考虑到你的体力状况，保证了整个行程的舒适性。

### ➜ 技巧提示　关于在指令中添加细节和信息的更多建议

在指令中添加细节和信息时，用户可以参考以下几点建议。

（1）对于场景类的指令，可以在其中描述人物身份、场景时间、发生地点等详细信息。

（2）提供用户已经知道的与指令相关的任何信息和细节，都可以帮助 AI 理解用户的意图。

（3）避免提供与指令请求无关的细节，否则，可能会让 AI 分心或误解用户的意图。

（4）根据 AI 的回答补充更多相关细节，使对话层层深入。

#### 4.1.7　练习实例：指定格式，进行输出

用户可以指定 AI 输出的格式要求，如要求以列表形式回复、限定字数长度等，以便得到更易于消化的回复。下面通过具体的案例进行说明。

扫一扫，看视频

**Q** 请分别总结出 5 个自己带饭的优缺点，先介绍优点，再介绍缺点，并用"优点一""缺点一"的格式进行输出

##### 💬 ChatGPT：

**优点一：经济实惠**

带饭可以节省外出就餐的费用。相比于外面购买食物，自己做饭通常成本更低，是一种经济实惠的选择。

**优点二：健康控制**

自己带饭可以更好地控制食材和食物质量，使得食物更加健康和符合个人口味，有利于维护身体健康。

**优点三：环保可持续**

使用可重复使用的饭盒和餐具可以减少一次性餐具的使用，有利于环保，减少对环境的负担。

### 优点四：个性化定制

自己带饭可以根据个人口味和偏好进行定制，可以更灵活地调整食物的味道和种类，满足个人口味需求。

### 优点五：有助于营养均衡

通过自己带饭可以更好地掌握饮食的营养搭配，有助于保持饮食的均衡，更好地满足身体所需的营养。

### 缺点一：时间成本较高

准备、烹饪和打包食物需要耗费一定的时间，可能会影响早晨或晚上的个人时间安排，对于忙碌的生活方式可能不太方便。

### 缺点二：食物口感可能受影响

带饭可能导致食物在保温过程中口感变化，有些食物在保温后可能变得潮湿或软化，影响原有口感。

### 缺点三：运输不便

带饭需要携带饭盒、餐具等，相对于简单购买外卖或外出就餐，可能会显得不太方便，尤其是在步行或乘坐公共交通工具的情况下。

### 缺点四：食材存储有限

在自己带饭的情况下，需要考虑食材的保存时间和条件，有些食材可能不太适合长时间保存，可能影响饭菜的新鲜度。

### 缺点五：缺乏变化

长期带饭可能导致食物种类相对单一，缺乏外面餐厅提供的多样化选择，容易产生食欲疲劳。

## ➡ 技巧提示　指定输出格式的更多技巧

用户在指令中指定输出的格式时，可以指定以下内容。

（1）明确指出需要的格式类型，如"请用列表的格式来回答"等。

（2）指定段落结构，如"请在第一段简要总结，然后在以下各段详细阐述"等。

（3）限制输出长度，如"请用不超过 500 字来概述""请用 1~2 句话说明"等。

（4）指定语气和风格，如"请用通俗易懂的语言进行解释"等。

（5）指定关键信息的突出显示，如"请用粗体字标出你的主要观点"等。

（6）要求补充示例或图像，如"请给出 2~3 个示例来佐证你的观点"等。

（7）指定回复的语言，如"请用简单的英语回答"等。

（8）要求对比不同观点，如"请先阐述 A 的观点，然后对比 B 的不同看法"等。

（9）给出预期的格式样本，要求 AI 仿照该格式生成内容。

## 4.1.8 练习实例：提供上下文，理解意图

用户可以在指令中提供足够的上下文信息，以便 AI 能够理解意图并生成准确的内容。下面通过具体的案例进行说明。

扫一扫，看视频

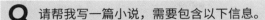

**Q** 请帮我写一篇小说，需要包含以下信息。

标题：毛虫观察日记

开头：球球有一项观察日记的作业，于是他抓了一只毛毛虫，想观察和记录它是如何变成蝴蝶的。妈妈提醒他，并不是所有毛毛虫都会变成蝴蝶。

高潮：球球每天都在很认真地观察和记录毛毛虫的状态，终于毛毛虫变成了蛹，球球非常激动。结果从蛹里飞出来的不是蝴蝶，而是飞蛾。球球非常伤心，也担心自己的作业能否完成。

结局：妈妈对球球进行了安慰和开导，球球最终将观察日记交了上去。因其认真、仔细地记录和故事戏剧性地发展，作业还获得了夸奖。

要求：语言风趣幽默，要有角色对话，篇幅控制在 600 字左右

### ⑤ ChatGPT：

**毛虫观察日记**

球球是一位六年级的小学生。某天，他拿到了一项特殊的作业——毛虫观察日记。于是，他兴高采烈地跑到花园里，捉了一只毛毛虫，准备认真观察和记录。

妈妈看着球球手里的毛毛虫，笑着提醒到："球球，记得并不是所有毛毛虫都会变成蝴蝶哦。"

球球挠挠头，一脸疑惑："真的吗？那它们有可能变成什么呢？"

妈妈耐心解释："有些可能变成蛾，有些可能变成其他昆虫，所以你要认真观察，发现了什么有趣的事情都要记录下来。"

球球点了点头，开始了他的毛虫观察日记。每天，他都仔细观察毛毛虫的活动，记录下它的形态、颜色和行为。他还为毛毛虫取了个名字，叫它"小毛球"。

时间一天天过去，球球发现"小毛球"竟然在一天天长大，身上的毛发也变得更加丰富。球球兴奋地记录："小毛球今天好像更有精神了，它的毛发变得更漂亮了！"

终于有一天，球球看到"小毛球"停在一个角落，开始蜕去身上的外壳，变成了一个金灿灿的蛹。球球激动地跳起来，心想："蝴蝶快出来了！"

然而，当蛹终于裂开，从里面飞出来的并不是漂亮的蝴蝶，而是一只华丽的飞蛾。球球愣住了，眼巴巴地看着飞蛾飞舞。

"这不对啊！"球球失落地说道，"我以为它会是蝴蝶。"

妈妈走了过来，轻轻拍拍球球的肩膀说："没关系，球球，这也是一种很特别的经历。有时候事情并不总是我们期待的样子，但这也是大自然的奇妙之处。"

球球叹了口气，担心地说："那我的作业怎么办？老师要求观察蝴蝶，可我只有一只飞蛾。"

妈妈笑着安慰他："球球，你可以把这个特殊的经历写在观察日记里，老师一定会理解的。而且你的记录都很认真，相信老师会为你的努力点赞的。"

球球听了妈妈的话，心情好了许多。于是，他在观察日记中详细记录了"小毛球"从毛毛虫到蛹再到飞蛾的整个过程，还附上了自己的感悟和想法。

第二天，球球带着观察日记走进教室，将作业交给了老师。老师翻阅着球球的观察日记，脸上露出了欣慰的笑容："球球，你的观察日记写得真是太棒了！这个特殊的经历让你的作业更加独特，我要夸奖你！"

球球顿时喜上眉梢，妈妈在一旁也为他鼓掌。这次，即便没有蝴蝶，球球也因为他的认真和努力而获得了满满的夸奖和肯定。

## ➡ 知识扩展　提升逻辑性和连贯性的技巧

此外，用户还应该考虑指令内容的逻辑性和连贯性。通过合理的指令，可以确保 AI 生成的内容具有清晰的逻辑结构和连贯的段落，这样有助于提高内容的可读性和吸引力。

在编写指令时，用户可以通过以下几个技巧来帮助 AI 理解并生成连贯、逻辑清晰的内容，而不只是零散的信息。

（1）在指令开头简要描述一下要生成文章的主题和背景，让 AI 明确我们的写作意图。

（2）使用指令预先规划全文的结构，如提纲式列出几个需要的段落以及每个段落需要包含的主要信息点，并在提纲的每个段落提示中提供一些背景详情，使 AI 能生成相关的段落内容。

（3）使用一致的过渡词语连接各个段落，如"首先""其次"等，使全文更加通顺连贯。

（4）可以提供一些关键词，让 AI 根据这些词探讨相关的概念和细节，使内容更丰富、准确。

（5）如果有需要，用户也可以提供一些实际的示例或数据让 AI 引用，增加内容的说服力。

（6）最后简要概括全文要表达的主要观点，完成全文的架构。

## ➡ 温馨提示

在写好指令后，用户还需要进行测试和调整。这时可以多次尝试使用 AI 进行回答，观察它生成的答案是否符合预期，从而判断是否需要对指令进行调整。

### 4.1.9　练习实例：正面肯定，提升效用

扫一扫，看视频

用户在指令中使用肯定的语言，可以最大限度地激发 AI 的正面回应，提高指令的有效性，从而让 AI 生成更符合要求的结果。下面通过具体的案例进行说明。

**Q** 你非常擅长推荐旅游景点，请你根据我的喜好为我推荐几个适合夏天出游的景点
我的喜好：我不喜欢太热的天气，喜欢人流适中的景点，交通要方便，最好不要太远

**ChatGPT：**

根据你的喜好，我为你推荐一些适合夏天的旅游景点，这些地方天气适中，人流量适中，交通也相对便利。

**1. 青岛，中国**

- 天气宜人，夏季温度适中。
- 海滨城市，有美丽的海滩和浪漫的栈桥。
- 交通方便，有火车和飞机可达。

**2. 巴塞罗那，西班牙**

- 地中海气候，夏季温暖而不至于太炎热。
- 文化氛围浓厚，有高迪设计的建筑等著名景点。
- 交通便利，城市内有地铁和公交系统。

**3. 京都，日本**

- 夏季相对凉爽，适合欣赏日本的传统文化。
- 人流适中，可以游览古老的寺庙和庭园。
- 交通方便，有便捷的火车和公交网络。

**4. 温哥华，加拿大**

- 温和的气候，夏季凉爽宜人。
- 自然风光优美，有山有海，适合户外活动。
- 交通便利，有发达的公共交通系统。

**5. 奥克兰，新西兰**

- 南半球的夏季，温暖宜人。
- 自然风光优美，有海滩、火山和丛林。
- 交通便利，有公共交通和自驾的选择。

希望这些推荐能符合你的喜好，让你在夏天的旅行中享受到舒适和惬意。

---

**➡ 技巧提示 使用肯定语气的更多技巧**

用户在编写指令时，可以采用以下技巧，从而确保使用正确的肯定语气。

（1）使用积极的词语，如"请""建议""推荐"，而不是"不要""避免"等否定词。

（2）表达对AI的AI能力的信任和期待，如"相信你能给出最佳建议"等。

（3）使用令人愉悦的词语，如"非常感谢""十分赞赏"，营造友好氛围。

（4）避免使用命令式语气，而是以请求的方式提问。

（5）对需要AI回答的内容可以用积极的词语进行描述，如"精彩的点子""最有见地的分析"等。

（6）在指令中表达出 AI 输出内容能起到正面作用的期许，如"这些建议如果执行将极有帮助"。

（7）采用问题形式的指令，如使用"怎样才能……"等肯定词，而非"为何无法……"等否定词。

（8）在指令中塑造正面积极的场景和人物关系。

（9）提出有意义、目标正面的请求，不要提出无意义或负面的要求。

### 4.1.10 练习实例：假设身份，提供情境

用户可以假设一个角色的身份并提出问题，这样可以为 AI 提供更明确的情境。下面通过具体的案例进行说明。

扫一扫，看视频

**Q** 我是一个刚毕业的大学生，目前正在从事编辑工作，但是有很多不懂的问题，也找不到工作的意义和乐趣，请针对我的现状，推荐一些提升我工作技能和状态的方法

**ChatGPT：**

首先，恭喜你完成大学学业并进入编辑领域。在职场中找到工作的意义和乐趣是一个个人化的过程，但是通过不断提升工作技能和调整状态，你可以更好地适应职场环境，找到更多的满足感。以下是一些建议。

**1. 设定职业目标：** 明确你在编辑领域的职业目标，包括短期和长期目标。这可以帮助你更有方向地发展自己的职业生涯。

**2. 学习专业知识：** 持续学习是提升编辑技能的关键。了解行业最新的编辑趋势、规范和技术，你可以参加线上课程、研讨会，或者阅读相关的专业书籍。

**3. 建立网络：** 与同行、前辈以及其他行业专业人士建立联系。参加行业活动、社交聚会或在线社群，这有助于你获取更多行业内的信息和资源。

**4. 提升沟通技能：** 编辑工作通常需要良好的沟通能力。提升写作和口头表达能力，学习如何清晰、有效地传达信息，这对于编辑工作至关重要。

**5. 熟悉工具和软件：** 掌握行业内常用的编辑工具和软件，如 Microsoft Office 套件、Adobe Creative Suite 等。这将提高你的工作效率和专业水平。

**6. 寻找导师：** 如果可能的话，寻找在行业中有经验的导师，从他们的经验中学习。他们可以给你提供宝贵的指导和建议。

**7. 定期评估自己：** 设定定期的自我评估时间，审视自己的职业发展进展，了解自己的优势和改进空间，以便更好地调整方向。

**8. 保持积极心态：** 职业生涯中可能会遇到挑战和困难，但保持积极的心态对于克服困难非常重要。寻找工作中的成就感，不断给自己正面的反馈。

**9. 拓展兴趣领域：** 在编辑工作之外，也尝试拓展其他兴趣领域。这样可以为你的生活带来更多的乐趣，同时也有助于提升综合素养。

**10. 寻求反馈**：主动寻求同事或上级的反馈，了解自己的优点和不足之处。通过反馈，你可以更好地改进和发展。

这些建议不仅有助于提升你在编辑领域的技能，也能帮助你找到工作的意义和乐趣。记得职业发展是一个渐进的过程，持之以恒，你将能够不断提升自己。

➡ **温馨提示**

需要注意的是，角色设置要具体和明确，如学生、医生、客户等，避免过于宽泛的角色设置。同时，背景情境要尽量描述充分，帮助 AI 更好地理解该角色的视角。另外，角色的请求要用第一人称表达，增加带入感和逼真度。

## 4.2 优化指令，运用技巧

在对话的过程中，AI 能够根据上下文给出连续性回复，因此当用户对 AI 初次提供的文案不太满意时，可以通过优化指令来引导 AI 生成高效、符合预期的回复。本节将介绍一些优化指令的技巧。

### 4.2.1 练习实例：注重核心，引导回复

AI 根据用户提供的指令来生成文案，因此文案的内容与指令有关。一般来说，越为准确、有针对性的指令会获得更为满意、高效的回复，这样就要求用户在编写指令时应注重问题的核心和关键点，并将其融入指令中。

例如，用户的问题是需要写一篇推文，但不能单纯地将"请写一篇推文" 扫一扫，看视频作为指令输入给 AI，而是应该稍加思考。如有没有发布的平台、具体的主题、受众人群、相关的要求等，所有涉及推文的相关点都可以视作关键信息给予 AI。

**Q** 请帮我写一篇面向摄影爱好者的公众号推文，内容是介绍公司最新推出的摄影入门课程，要求 300 字左右

🟦 **ChatGPT：**

**【新春摄影新学期】**

亲爱的摄影爱好者们，新年伊始，我们迎来了一场摄影技能的焕新！公司自豪地推出全新的摄影入门课程，为热爱摄影的你揭开专业摄影的神秘面纱。

**课程亮点：**

**1. 初级摄影理论：**由经验丰富的导师倾情打造，深入浅出地讲解摄影基础理论，让你轻松理解光影、构图、快门等核心概念。

**2. 实操指导：**理论联系实际，课程设置大量实践环节，通过实际拍摄提升你的摄影技能，让你真正掌握相机的各项功能。

**3. 后期处理技巧：**学会使用各类后期软件，提升照片的色彩、锐度，使你的作品更具专业感。

**4. 作品分享与点评：**与同学们互动交流，导师进行作品点评，激发创作灵感。

**适合对象：**

- 零基础的摄影新手，渴望掌握摄影技能的你。

- 已有一些摄影基础，但希望系统学习提升的摄影爱好者。

**报名方式：**

单击链接【报名通道】，填写个人信息即可参与。前 50 名报名者可享受 8 折优惠哦!

**开课时间：**

即日起，错过了这一期，可能要等下一季度了哦!

快来加入我们吧! 让我们一起在这个春天，用镜头记录生活的美好瞬间，探索摄影的奥秘，开启摄影之旅!

从上述回复内容可以看出，AI 按照所给的指令，贴合推文的受众群体和主题，提供了一篇要点清晰、有技巧干货的推文，能够为用户提供一些灵感。

### 4.2.2　练习实例：循序渐进，多次提问

相对于其他 AI 机器，ChatGPT 的优势在于擅长联系上下文来生成答案，因此用户可以将 ChatGPT 视作"人"来进行沟通，通过循序渐进地提出问题，从而使答案更加接近用户的预期。

扫一扫，看视频

步骤 01　在 ChatGPT 的输入框中输入指令，按 Enter 键发送，便可以得到 AI 生成的回复，相关指令和回复内容如下。

**Q** 养成良好的作息习惯要怎么做

**ChatGPT:**

养成良好的作息习惯对于保持身体健康和提高工作效率都非常重要。以下是一些建议，可以帮助你养成良好的作息习惯。

**1. 制定规律的作息时间表：**设定每天相同的起床时间和就寝时间，帮助身体建立生物钟，让你更容易入睡和醒来。

**2. 晚上避免食用刺激性食物和饮料：**避免在晚餐后食用咖啡因和糖分高的食物，因为它们可能会影响你的入睡情况。

**3. 建立一个放松的睡前仪式：**创建一个固定的放松仪式，如阅读一本书、听轻柔的音乐或进行冥想，帮助你放松身心。

**4. 避免使用电子设备：**就寝前一小时停止使用电子设备，因为这些设备的蓝光可能干扰你的生物钟，使入睡变得更加困难。

**5. 保持良好的睡眠环境：** 确保卧室安静、黑暗、凉爽，并使用舒适的床垫和枕头。

**6. 规律锻炼：** 适度地锻炼对于促进提升良好的睡眠质量有帮助，但要确保在晚上锻炼结束后留出足够的时间让身体逐渐放松。

**7. 避免长时间午睡：** 如果需要午睡，尽量控制在 20~30 分钟，以避免影响夜间的睡眠。

**8. 规律饮食：** 尽量在规定的时间吃饭，避免在晚上过晚进食。

**9. 限制咖啡因摄入：** 尤其是在下午和晚上，减少咖啡因的摄入，以免影响入睡。

**10. 保持良好的心理健康：** 确保处理好日常压力，可以通过冥想、放松技巧或与朋友交流来缓解压力。

养成良好的作息习惯需要一些时间和坚持，但一旦形成，将对你的健康和生活产生积极的影响。逐步调整生活习惯，找到适合自己的方式，有助于建立稳定的作息模式。

**步骤 02** 在同一个聊天窗口中继续输入指令，按 Enter 键确认，AI 会给出制定作息时间表的建议，相关指令和回复内容如下。

**Q** 如何制定规律的作息时间表

**ChatGPT：**

制定规律的作息时间表是养成良好作息习惯的第一步。以下是一些建议，帮助你制定并遵循一个规律的作息时间表。

**1. 设定固定的起床时间：** 尽量每天都在同一时间起床，即使在周末或休息日也是如此。这有助于调整你的生物钟。

**2. 确定合适的睡眠时长：** 成年人一般需要 7~9 小时的睡眠。根据你的需求，计算出适合你的睡眠时长，并确保你每天都有足够的时间用于睡眠。

**3. 制定固定的就寝时间：** 确定一个每天都能遵循的就寝时间。尽量在同一时间前入睡，帮助身体建立规律的生物钟。

**4. 考虑个人生活和工作时间表：** 考虑你的日常生活和工作安排，确保你的作息时间表与这些活动相协调。合理规划时间，避免在临近就寝时间突然进行紧急工作或活动。

**5. 逐步调整时间表：** 如果你的当前作息时间表与理想的时间表相差较大，可以逐步调整。每次只调整 15~30 分钟，以适应新的时间表，逐渐使自己适应。

**6. 避免熬夜：** 尽量避免在晚上熬夜。如果你必须晚上工作，设定一个固定的截止时间，并尽早安排完成工作，以确保有足够的时间休息。

**7. 设定提醒：** 使用手机或其他提醒工具来提醒你按照作息时间表行事。这可以帮助你保持规律，直到形成自然习惯。

**8. 保持一致性：** 尽量每天都遵循相同的时间表，即使在周末或假期也是如此。这有助于保持生物钟的一致性。

**9. 监测和调整：** 定期监测你的作息时间表，并根据需要进行调整。如果发现某个时间点不适合，可以适度调整。

**10. 培养自律：**养成自律的习惯，尽量按照制定的时间表行事。习惯养成需要时间，但一旦养成，将带来持久的好处。

通过这些建议，你可以逐步建立一个符合你生活和工作需要的规律作息时间表，有助于提高生活质量和工作效率。

步骤 03 用户还可以继续提问其他细节，在聊天窗口中输入指令，按 Enter 键确认，AI 会给出保持良好心理健康的方法，相关指令和回复内容如下。

**Q** 如何保持良好的心理健康

**ⓢ ChatGPT：**

保持良好的心理健康对于整体的幸福感和生活质量至关重要。以下是一些建议，帮助你维护心理健康。

**1. 建立支持系统：**与家人、朋友或同事建立良好的社交关系，分享彼此的感受和经历。有人可以依靠和倾诉通常对缓解压力和焦虑有很大帮助。

**2. 学会应对压力：**学会有效地处理压力，可以通过学习时间管理、问题解决和情绪调节等技能。寻找适合自己的缓解压力的方法，如锻炼、冥想、深呼吸或艺术创作。

**3. 保持积极的心态：**尽量保持乐观和积极的态度。关注积极的事物，培养感恩之心，意识到生活中的美好之处。

**4. 设定合理的目标：**制订实际可行的目标，并分阶段逐步实现。适当的挑战和成就感可以促进心理健康。

**5. 拥抱变化：**学会接受生活中的变化，将其视为成长和学习的机会。适应性是维持心理健康的重要因素。

**6. 定期锻炼：**体育锻炼对身体和心理健康都有积极影响。每周进行适度的运动可以减轻压力、提高心情和改善睡眠。

**7. 保持良好的睡眠：**确保每天有足够的睡眠时间，维持规律的作息时间。睡眠充足可以帮助恢复身体和大脑功能，对心理健康有益。

**8. 定期休息和放松：**给自己创造休息和放松的时间。这可以包括阅读、听音乐、旅行或参与一些喜欢的爱好。

**9. 寻求专业帮助：**如果感觉情绪问题严重或长时间无法缓解，不要犹豫，寻求专业心理健康帮助，如心理治疗或咨询。

**10. 保持平衡：**在工作、学习和休闲之间保持平衡。确保有足够的时间进行休息和娱乐，不要过分追求完美或过度自我要求。

记住，心理健康是一个综合的概念，需要综合考虑生理、社会和心理因素。通过采取积极的生活方式，建立支持系统，并及时应对挑战，你可以更好地保持心理健康。如果有需要，不要犹豫向专业人士咨询。

由上述示例可以看出，AI 根据用户循序渐进地提问会给出更加细致的回复。用户运用这个方法向 AI 提问时，相当于将 AI 视作一个知识渊博的"人"，循序渐进地抛出问题让其满足自己的好奇心。

### 4.2.3 练习实例：鼓励引导，提升创意

鼓励式引导是指用户在向 AI 提问时，采用鼓励 AI 给出更加详细、更具创意回复的提问方式。这类提问方式适用于开放性的问题，用户可以用"让我们思考一下……""让我们讨论一下……""还有什么其他的想法吗"等句式来提问。下面将举例介绍具体的操作方法。

扫一扫，看视频

**步骤 01** 在 ChatGPT 的输入框中输入指令，按 Enter 键发送，让 AI 提供小红书笔记的创意，相关指令和回复内容如下。

**Q** 让我们思考一下：关于跨年活动可以策划哪些有创意的小红书笔记

**⑤ ChatGPT：**

跨年活动在小红书上可以是一个很有趣且创意的话题，吸引更多用户参与和关注。以下是一些建议，供您在小红书上策划有创意的跨年活动。

**1. 时尚穿搭挑战**

发起一个穿搭挑战，鼓励用户在跨年夜选择独特的时尚造型，并分享他们的穿搭心得。可以设置特别的主题，如"未来感穿搭"或"回顾 202× 年的流行元素"。

**2. 新年愿望清单**

邀请用户分享他们的新年愿望和目标。可以设立一个专属的话题标签，让用户用文字、图片或视频记录他们的愿望，并鼓励其他用户点赞、评论或分享自己的愿望。

**3. 美食制作挑战**

发起一个美食制作挑战，鼓励用户在跨年夜尝试制作特别的美食，然后分享制作过程和成果。可以包括食材清单、步骤图解和口感体验。

**4. 旅行心愿单**

邀请用户分享他们的旅行心愿单，包括梦想中的目的地、旅行计划和理想的旅行伴侣。可以以图片、文字或视频形式展示，激发更多人对旅行的向往。

**5. 新年心情画廊**

创建一个跨年心情画廊话题，鼓励用户通过绘画、摄影或其他创意方式表达他们在跨年夜的心情。可以邀请专业艺术家评选或设置投票机制。

**6. 跨年故事分享**

邀请用户分享他们在跨年夜发生的有趣、感人或特别的故事。这可以是一次难忘的经历、温馨的瞬间或者新年时刻的独特体验。

**7. 美妆变身挑战**

发布一个美妆变身挑战，鼓励用户尝试不同的化妆风格，展示他们的变身过程，并分享使用的化妆品和技巧。

### 8. 音乐倒数计时

创建一个音乐倒数计时的话题，邀请用户分享他们在跨年夜听的歌曲、音乐清单或者推荐的新年节目。可以与音乐平台合作，提供特别的播放列表。

在策划这些活动时，要注意保持趣味性、互动性和参与感，以吸引更多用户参与和分享自己的创意。同时，可以考虑与品牌或合作伙伴合作，提供奖品或特别优惠，增加活动的吸引力。

**步骤 02** 在同一个聊天窗口中继续输入指令，按 Enter 键发送，ChatGPT 会给出更多的小红书笔记创意，相关指令和回复内容如下。

**Q** 这些建议给了我一些新思路，还有什么其他的想法吗

**ChatGPT：**

当然，以下是一些其他有创意的小红书跨年活动的想法。

### 9. 表情包创作大赛

鼓励用户创作有关跨年的表情包，并分享到平台上。设立一个专门的话题标签，让用户在表情包中展现跨年的喜悦、期待或独特的情感。

### 10. 数字趋势预测

邀请用户分享他们对新一年的数字趋势、社会热点或行业发展的预测。可以包括文字描述、数据图表或创意的数字呈现方式。

### 11. 独家活动合集

收集小红书上各种跨年线上线下活动，创建一个独家合集。用户可以通过该合集找到有趣的活动参与，同时品牌也可以在此宣传他们的特别活动。

### 12. 家庭装饰分享

邀请用户分享他们在跨年夜进行的家庭装饰。可以包括节日装饰、家居布置或手工艺品制作，鼓励用户以创意的方式迎接新年。

### 13. 心情音频日记

用户可以录制一段跨年夜当天的心情音频日记，并分享到小红书上。这种方式能更直接地传达情感，吸引更多用户感同身受。

### 14. 友谊感恩日

邀请用户在跨年夜回顾过去一年里的友情时刻，分享和朋友一起度过的瞬间，并可以通过 @ 好友的方式互相致谢。

### 15. 倒计时直播

在跨年夜进行一个小红书直播活动，进行倒计时仪式，邀请用户一起分享他们的倒数活动，并在倒数到新年的瞬间集中展示用户的直播画面。

### 16. 新年挑战任务

发布一系列有趣的挑战任务，如拍摄跨年烟花、寻找最美跨年夜风景等，鼓励用户积极参与，完成任务后分享到平台上。

在策划跨年活动时，要根据目标用户群体的兴趣和特点，定制更符合他们口味的活动。同时，及时与用户互动，回复评论，提高用户的参与感和活跃度。

### 4.2.4 练习实例：提供选项，进行选择

当用户想让 AI 生成更有针对性的回复时，可以提供多个选项进行提问，类似于让 AI 做选择题，AI 会选择选项并给出答案的解析。下面将举例介绍具体的操作方法。

扫一扫，看视频

**Q** 我想通过运动进行减肥，但我的体力和体质都不是很好，而且我对水有恐惧感。请从以下运动中选出适合我的一种，并说明原因
运动有：1.游泳；2.瑜伽；3.跑步；4.跳绳

**⑤ ChatGPT：**

针对你的情况，考虑到体力和对水的恐惧感，我建议选择瑜伽作为减肥的运动方式。原因如下。

**1. 低强度：** 瑜伽是一种低强度的运动，适合初学者和体力较差的人。它注重身体的柔韧性、平衡和呼吸，可以在不过度劳累的情况下进行。

**2. 适应性强：** 瑜伽的练习可以根据个人的体质和需求进行调整，无论是初级还是高级的练习，都可以根据个人的情况进行选择。

**3. 心理放松：** 瑜伽不仅仅是一种身体锻炼，还注重心灵的平静。通过瑜伽的冥想和深呼吸练习，有助于缓解压力和焦虑感，提升整体的心理健康。

**4. 水上运动规避：** 由于你对水有恐惧感，避免了游泳这种涉及水的运动，选择瑜伽可以规避这个问题。

记得在开始任何新的锻炼计划之前，最好先咨询医生或专业健身教练的建议，以确保你选择的运动适合你的健康状况。

### 4.2.5 练习实例：归纳问题，增强逻辑

归纳问题式提问是指用户在编写指令时，将有共性的问题整理、归纳在一起，作为指令提供给 AI 的提问方式。这类提问方式有很好的目标指向性，能够引导 AI 给出有针对性的回复。

另外，归纳问题式提问会涉及分类、归纳和概括的思维过程，能够帮助 AI 扫一扫，看视频 生成比较有逻辑性的答案。下面将举例介绍具体的操作方法。

**Q** 简·奥斯汀的小说有什么特色？对于爱情小说的创作有哪些启示

⑤ ChatGPT：

简·奥斯汀是英国文学史上的重要小说家之一，她的小说以描写社交生活和塑造人物为特色。以下是简·奥斯汀小说的一些特点，以及对于爱情小说创作的启示。

**1. 社交观察和描写：** 简·奥斯汀的小说着眼于当时英国上层社会的社交生活，通过细腻地观察和描写展现了社交规范、礼仪和人际关系。她通过角色之间的对话和行为展示了社会层次、道德规范和人性弱点。

**2. 人物刻画：** 简·奥斯汀擅长通过细腻而深刻的人物刻画来展现社会中的各种类型人物。她的角色通常具有独立的性格和思想，通过她们的言行举止，读者可以洞察到复杂的人性。

**3. 幽默和讽刺：** 她的小说中常常融入幽默和讽刺，通过机智而风趣的语言，她对当时社会的种种现象进行了嘲讽和评论，使作品更富有深度和趣味。

**4. 爱情的描写：** 爱情是她的小说中的一个重要主题。她以幽默和机智的方式描绘角色之间的爱情，通常包括误解、社会期望和经济因素。她对于婚姻的态度常常表达在角色的对话和行为中，呈现了对于自由选择和真实感情的追求。

对于爱情小说的创作，可以从简·奥斯汀的作品中获得以下启示。

**1. 深入刻画人物：** 将角色塑造得栩栩如生，包括他们的性格、动机和内心世界，使读者能够产生共鸣。

**2. 社交背景和环境的描绘：** 将爱情故事融入具体的社交背景和环境中，使小说更有深度和真实感。

**3. 幽默和讽刺的运用：** 适度的幽默和讽刺可以使小说更生动有趣，同时也可以通过调侃社会习俗，传达作者的观点。

**4. 对爱情的深刻剖析：** 爱情不仅仅是甜蜜的情感，还涉及社会、经济等多方面的因素。通过深入剖析爱情，小说可以更富有层次和深度。

## 4.2.6 练习实例：设置约束，内容精准

设置约束性条件提问主要是针对一些有模板、风格、框架等固定形式的文案。当用户有这类文案需求时，可以使用设置约束性条件的方式向 AI 提问，从而获得更加精准的内容。下面将举例介绍具体的操作方法。

扫一扫，看视频

**Q** 我是小 A，今天是 2024 年 5 月 11 日，由于 19 日我爷爷过生日，我需要在 18 日至 20 日请 3 天假，回去参加酒席，请根据我提供的信息，按以下模板写一份请假条给我的部门领导 V，内容简洁明了

请假条

尊敬的 XX（领导名称）：

因 XXX（事由）需要请假，请假时间自 XXXX 年 X 月 X 日至 XXXX 年 X 月 X 日，共 X 天，希望得到批准。

请假人：XX

XXXX 年 X 月 X 日

**⑤ ChatGPT：**

请假条

尊敬的 V：

因爷爷过生日需要请假，请假时间自 2024 年 5 月 18 日至 2024 年 5 月 20 日，共 3 天，希望得到批准。

请假人：小 A

2024 年 5 月 11 日

---

### 4.2.7　练习实例：附加条件，循环提问

当用户对 AI 的回复不太满意时，可以采用附加条件循环提问的方式，在 AI 所给回复的基础上不断地进行追问，直到获得接近用户预期的答案为止。这类提问方式相当于挖掘 AI 的潜力，通过提问的方式让 AI 自行优化升级，从而获得最优的解决方案。下面将举例介绍具体的操作方法。

扫一扫，看视频

**步骤 01** 在 ChatGPT 的输入框中输入指令，按 Enter 键确认，让 AI 进行文学创作，相关指令和回复内容如下。

**Q　请创作一首主题为柿子的七言绝句**

**⑤ ChatGPT：**

红柿丰盈挂枝梢，秋阳染照熠熠桃。

甘甜满口香飘远，岁月如歌赋柿宝。

**步骤 02** 在同一个聊天窗口中继续输入指令，按 Enter 键确认，AI 会按照要求给出回复，相关指令和回复内容如下。

**Q　请给出更好的方案，要求多一些新意和感情，并给予解释**

**⑤ ChatGPT：**

红柿垂枝嫣笑开，秋阳温润斟酌怀。

甘醇如蜜心味至，岁月染柿意浓深。

这首七言绝句通过描绘红柿垂枝、秋阳温润的画面，表达了柿子成熟的甜美，暗喻岁月的醇厚和生活的丰盈。"红柿垂枝嫣笑开"中，将柿子比喻为笑脸，展现了柿子成熟时的欣喜和生命的活力。"秋阳温润斟酌怀"中，通过阳光的温润，表达了岁月的温馨和人生的沉淀。"甘醇如蜜心味至"一句，则以甜美的柿子来象征美好的心情和生活体验。"岁月染柿意浓深"表达了岁月的痕迹如同柿子一般深沉且丰盈。整首诗以柿子为主题，通过生动地描写展现了柿子的甜美和丰盈，同时融入了对岁月和生活的感慨，使得整体更具有新意和情感。

步骤 03 在同一个聊天窗口中继续输入指令，按 Enter 键确认，AI 会按照要求给出新的回复，相关指令和回复内容如下。

**Q** 请给出更好的方案，要求比前面的诗更富有哲理，并给予解释

**⑤ ChatGPT：**

红柿枝头醉秋光，岁月如歌意长长。

甘甜滋味生命深，柿心藏匿智者乡。

这首七言绝句通过红柿枝头、秋光、岁月如歌等意象，表达了对生命和时间的思考。"红柿枝头醉秋光"中，红柿和秋光相得益彰，象征生活中的美好瞬间，醉心其中。"岁月如歌意长长"表达了时间的长河如歌般奔流，意味着生命的延绵和思考的深远。"甘甜滋味生命深"中，甜美的柿子滋养生命，寓意着生活中的美好体验和深刻感悟。"柿心藏匿智者乡"通过柿心的比喻，寓意着深藏在生命深处的智慧之地，暗示了智者对生命的领悟和体验。

整首诗在表达柿子之美的同时，通过岁月、生命、智慧等元素的巧妙融合，使诗歌更加富有哲理，呼应了生活中的深刻体验和对时间流转的深切感悟。

步骤 04 在同一个聊天窗口中继续输入指令，按 Enter 键确认，AI 会按照要求再次给出新的回复，相关指令和回复内容如下。

**Q** 请给出更好的方案，要求比前面的诗更富有画面感和诗意，并给予解释

**⑤ ChatGPT：**

红柿如丹挂画屏，秋风拂面诗意激。

舌尖回味甘甜至，岁月留下柿子醉。

这首七言绝句通过绘制红柿如丹挂画屏的画面，以及秋风拂面的诗意场景，表达了柿子的美好和生活的诗意。"红柿如丹挂画屏"中，通过如画地描绘，将红柿比作艺术品，挂在画屏上，强化了柿子的美感和观赏价值。"秋风拂面诗意激"中，秋风轻拂，激起诗意的涟漪，表达了柿子在秋天的宁静和诗意。"舌尖回味甘甜至"通过舌尖回味柿子的甘甜，强调了柿子美味的感觉和味觉上的满足。"岁月留下柿子醉"则表达了岁月流转中留下的美好瞬间，暗喻柿子的醉人滋味。

整首诗在情感上通过描绘柿子的美感、生活的诗意以及岁月的留痕，使得诗歌更加富有画面感和诗意。

### 4.2.8 练习实例：综合维度，全面深入

扫一扫，看视频

综合多维度提问的方式可以获得更加全面、深入的回复，例如，让 AI 综合故事情节、主要人物和背景设定等多个维度来评价一部小说，可以获得更清晰、明确的答案。下面将举例介绍具体的操作方法。

步骤 01 在 ChatGPT 的输入框中输入指令，按 Enter 键发送，让 AI 对小说的情节进行评价，相关指令和回复内容如下。

**Q** 《老人与海》的情节有什么特点

**ChatGPT：**

《老人与海》是美国作家欧内斯特·海明威的经典作品，主要讲述了古巴老渔夫圣地亚哥与一条巨大的马林鱼长时间搏斗的故事。这部小说的情节特点非常突出，主要体现在以下几个方面。

**1. 简洁明了的情节结构：** 整个故事主要围绕老人出海捕鱼、与大鱼搏斗以及返回的过程。情节虽然简单，但富含深刻的哲理和人生的启示。

**2. 人与自然的斗争：** 老人与巨大马林鱼的搏斗不仅是生理上的拼搏，更是精神上的较量。这种斗争展示了人类在面对自然挑战时的坚韧与勇气。

**3. 深层次的象征意义：** 马林鱼在故事中不仅是一个捕捉的对象，它还象征着一种高贵、力量和美丽。老人对它的尊重和赞美体现了人与自然之间的和谐共处。

**4. 孤独与坚持的主题：** 圣地亚哥长时间的孤独航行和与鱼的搏斗体现了他的坚持和对自我价值的追求。孤独不仅是老人的生活状态，也是他内心世界的写照。

**5. 失败与成功的双重性：** 虽然老人最终捕到了鱼，但在返回途中鱼肉被鲨鱼吃掉，只剩下骨架。这种结果让人深思成功与失败的界限，并引发对生活意义和人的努力的反思。

这些情节特点不仅构成了故事的主体，也使得《老人与海》成为一个富有哲理和深刻情感的文学作品。

**步骤 02** 在同一个聊天窗口中继续输入指令，按 Enter 键确认，AI 会给出人物形象方面的小说评价，相关指令和回复内容如下。

**Q** 小说中的主要人物有什么独特魅力

**ChatGPT：**

《老人与海》的主要人物是古巴老渔夫圣地亚哥，他的独特魅力主要体现在以下几个方面。

**1. 坚韧不拔的精神：** 圣地亚哥面对极端的困难和挑战时展现出的坚持和耐力是他最突出的特点。尽管连续多日没有捕到鱼，他依然坚持出海，并与巨大的马林鱼搏斗了三天三夜。这种不屈不挠的精神让人敬佩。

**2. 对自然的尊重与爱：** 圣地亚哥对待马林鱼不仅是作为捕猎的对象，更是充满敬意和赞美。他认为马林鱼是高贵的对手，称之为"兄弟"和"朋友"，展现了他对自然界生物的深厚感情。

**3. 智慧与经验：** 作为一个老渔夫，圣地亚哥拥有丰富的捕鱼经验和对海洋的深刻理解。他在与马林鱼的斗争中展现出高超的捕鱼技巧和对自然环境的敏锐洞察。

**4. 内心的丰富与哲思：** 圣地亚哥的内心世界非常丰富，他常常自言自语，思考生命、老龄和孤独等深刻的主题。他对人生的反思和对未来的希望使他的人物形象更加立体和深刻。

**5. 孤独中的乐观与坚强：**尽管面对孤独的生活，圣地亚哥依然保持乐观的态度和对生活的热爱。他的这种性格使他能够承受孤独和逆境，展现出一种非凡的生命力。

通过这些特质，圣地亚哥这一人物形象不仅充满魅力，也成为了一种象征，代表了人类不屈不挠的精神和对自然的深刻尊重。

**步骤 03** 在同一个聊天窗口中继续输入指令，按 Enter 键确认，AI 会给出背景设定方面的小说评价，相关指令和回复内容如下。

**Q** 小说的背景设定有什么特点

**ChatGPT：**

《老人与海》的背景设定是在 20 世纪中叶的古巴，主要是海洋和小渔村的环境。这样的背景设定具有以下几个显著特点。

**1. 海洋环境的广阔与孤独：**海洋是这部小说的核心舞台，象征着无限的可能性和无情的挑战。海洋的广阔不仅是物理的，更是心理的，它映射出圣地亚哥内心的孤独和他与自然界的斗争。

**2. 渔村的质朴生活：**故事的开始和结束都设定在一个小渔村，这个渔村虽然简朴，但充满了生活气息。村民之间的互动和对圣地亚哥的关心展示了社区的温暖和人与人之间的连接。

**3. 文化背景的古巴特色：**古巴的地理位置使其与海洋密不可分，渔业是当地重要的生活和经济方式。圣地亚哥的生活方式、他的信仰和日常习惯都深受古巴文化的影响，如他对棒球的热爱及对宗教的信仰等。

**4. 时间的流动与季节变换：**小说虽然时间跨度不长，但通过描述日出日落和天气变化，海明威巧妙地描绘了时间的流动感和环境的变化，增加了故事的真实感和沉浸感。

**5. 象征与隐喻的运用：**背景本身在小说中承载了丰富的象征意义。海洋象征着人生的旅途和未知的挑战，而小渔村则象征着人与人之间的纽带和生活的根基。

这样的背景设定不仅增强了小说的现实感和可信度，还加深了故事的主题和象征意义，使《老人与海》成为一个多层次、深具启示性的作品。

### 4.2.9 练习实例：固定指令，指定内容

扫一扫，看视频

当用户需要指定 AI 的语言风格、内容属性时，可以套用"你的角色【专业领域】+ 你的能力【成果期待】+ 我希望你【任务需求】"这个固定指令，让 AI 生成我们想要的答案。下面举例介绍这一固定指令的运用。

**Q** 你的角色是健身教练，你拥有强健的体魄和丰富的专业知识，能够为用户提供个性化、实用性强的健身辅导。现在我希望你为一个有体态问题的上班族推荐一些健身项目

**ChatGPT：**

当然可以！对于上班族来说，长时间的坐姿和缺乏运动可能导致体态问题。以下是一些建议，可以帮助改善体态、增强核心稳定性和减缓办公症状。

**1. 核心稳定性训练**

- 仰卧起坐：强化腹部肌肉，改善核心稳定性。

- 平板支撑：加强腹部、背部和臀部肌肉，有助于维持正确的身体姿势。

**2. 背部训练**

- 哑铃划船：强化上背部和中背部肌肉，有助于纠正圆肩。

- 背部伸展：使用瑜伽动作如猫 - 牛位，促进背部柔韧性。

**3. 体态纠正练习**

- 墙壁站立：将头、肩、臀和脚跟紧贴墙壁，保持站立姿势，有助于纠正不良体态。

- 坐姿拉伸：使用瑜伽球或办公室椅进行伸展，减缓长时间坐姿的影响。

**4. 有氧运动**

- 快走或慢跑：提高心肺功能，促进全身代谢。

- 游泳：对身体各个部位都有益，同时能够缓解办公压力。

**5. 瑜伽和普拉提**

- 瑜伽和普拉提动作有助于增强核心肌肉，提高身体灵活性。

**6. 休息与姿势调整**

- 定时站起来活动：每小时站起来走动一下，拉伸身体。

- 使用正确的椅子和桌子，保持良好的工作姿势。

请注意，每个人的身体状况和需求都不同，建议在开始新的锻炼计划之前，最好先咨询医生或专业健身教练的建议，以确保选择的活动适合个体的健康状况。同时，逐渐增加运动强度，以避免受伤。

---

### 4.2.10 练习实例：专业回复，提高效率

随着 AI 的应用场景不断扩大，使用人群不断增多，人们对 AI 生成更加专业性的答案的需求也不断增多。掌握"问题背景 + 任务需求 + 行业专家模板或方法论"这个固定指令，能够帮助用户提高使用 AI 的效率。下面举例介绍这一固定指令的运用。

扫一扫，看视频

**Q** 请根据《奥格威谈广告》（*Ogilvy on Advertising*）书中的理论，生成 10 个关于油纸伞的广告文案，并说明为什么符合书中的理论

**ChatGPT：**

《奥格威谈广告》是大卫·奥格威的经典之作，提出了许多关于广告的实用理论。以下是 10 个关于油纸伞的广告文案，同时解释为何符合奥格威的理论。

1. "沉稳自然，品位不凡。油纸伞，传承百年经典。"

   奥格威理论匹配：突出品牌的传统和品质，强调长期稳定的形象。

2. "风雨无惧，与油纸伞同行。坚韧，是生活的庇护。"

   奥格威理论匹配：注重情感共鸣，通过表达产品的功能和价值与消费者的生活联系起来。

3. "轻巧便携，为时尚添彩。油纸伞，打开一把别致的风景。"

   奥格威理论匹配：强调产品的独特卖点，让产品在市场中脱颖而出。

4. "品味人生，选用油纸伞。艺术与实用的完美结合，让你的时尚永不过时。"

   奥格威理论匹配：强调广告的创意和艺术性，吸引消费者的眼球。

5. "不惧风雨，只因有油纸伞。坚韧之美，由这一把传世经典展现。"

   奥格威理论匹配：强调品牌的可靠性和坚持，建立消费者对品牌的信任。

6. "油纸伞，不仅遮风挡雨，更是品位的象征。与它，你是时尚的主宰。"

   奥格威理论匹配：利用品牌塑造，将产品与消费者的身份和品位相联系。

7. "漫步在雨中，只因有油纸伞。优雅从容，从容不迫。"

   奥格威理论匹配：强调产品的舒适和使用的便利性，满足消费者的需求。

8. "油纸伞，不仅是伞，更是一场时尚盛宴。打破传统，创造属于你的风格。"

   奥格威理论匹配：强调品牌的创新和与众不同，吸引潮流时尚的消费者。

9. "遇见油纸伞，遇见时尚与典雅的完美交融。品味生活，从这一把开始。"

   奥格威理论匹配：聚焦产品与生活的关联，强调产品对生活品质的提升。

10. "油纸伞，贵族风范。雨中漫步，尽显优雅风采。选择油纸伞，选择品位。"

    奥格威理论匹配：塑造产品的高端形象，吸引追求品质和独特性的消费者。

---

## 4.3　综合实例：设计指令，生成文案

扫一扫，看视频

　　社媒动态代表着现代人社交心态。通常情况下，人们发送一条社媒动态或多或少是为了寻求关注，渴望他人关注自己的情感和情绪。若是已发送的动态被点赞、转发等，则会心存一些慰藉。

　　常见的社交媒体平台，如微信、微博、QQ 等，都是人们更新动态的阵地，其他一些如网易云音乐等音乐平台和微信读书等读书平台，也可以作为更新动态的次要阵地。本节将以让 AI 生成网易云音乐动态文案为例，介绍通过设计指令获得需要的回复的操作步骤。

　　**步骤 01** 在 ChatGPT 的输入框中输入指令，按 Enter 键发送，便可以得到 AI 给出的适合特定平台发布的文案建议，相关指令和回复内容如下。

**Q** 在网易云音乐平台中，发布什么样的文案才能够吸引人

⑤ **ChatGPT：**

吸引人的文案通常需要具有独特性、情感共鸣和引发兴趣的元素。在网易云音乐平台上发布吸引人的文案需要考虑以下几个方面。

**1. 吸引眼球的标题：** 使用引人注目、有趣或具有独特性的标题，让用户在众多内容中选择点击你的分享。

**2. 简洁明了的介绍：** 用简短的文字描述你要分享的内容，包括歌曲或专辑的特点，艺人的背景等。不要过于啰唆，保持简洁明了。

**3. 添加情感元素：** 如果你分享的是一首歌曲，可以谈论歌曲背后的故事、情感或与你个人的共鸣。人们更容易被情感触动，这样的分享更有可能引起共鸣。

**4. 使用表情符号：** 适度使用表情符号可以为文案增添趣味性，使其更具有吸引力。但要注意不要过度使用，以免显得不专业。

**5. 引用歌词或名人评论：** 如果有适当的机会，引用歌曲的歌词或相关名人的评论可以增加你分享的吸引力，尤其是这些歌词或评论能够与你分享的音乐内容产生联系。

**6. 提供互动元素：** 鼓励用户与你的分享互动，可以是提出问题、请教意见或邀请大家分享自己的看法。这样可以促使更多的用户参与到讨论中。

**7. 适当的关键词和标签：** 使用相关的关键词和标签，这样更容易被其他用户搜索到。确保这些关键词和标签与你分享的内容相关联。

总体来说，文案要吸引人的关键在于突出你分享内容的独特性、情感元素和吸引人的亮点。通过巧妙运用文字和表达方式，其他用户会对你的分享产生兴趣并参与互动。

**步骤 02** 在 ChatGPT 的输入框中继续输入指令，按 Enter 键发送，便可以得到 AI 生成的关于歌曲的文案，相关指令和回复内容如下。

**Q** 请通过添加情感元素的方法，帮我写 10 条关于民歌《庐州月》的文案

⑤ **ChatGPT：**

以下是 10 条关于民歌《庐州月》的带有情感元素的文案：

1.《庐州月》如一弯明月高悬，吟唱着岁月的深情。歌中的琴音像是轻拂的微风，温暖而又宁静，勾勒出一幅庐州山水的画卷，让心灵在月光下流连忘返。

2. 轻柔的旋律，带我穿越到庐州的山川之间。在这首歌里，每一个音符都是对故土的眷恋，每一句歌词都是一篇思乡之诗。《庐州月》是一次心灵的漫游，是对家乡情感的深切表白。

3. 此刻，倾听《庐州月》的音符，仿佛置身在江南水乡的夜晚。歌中传递的是对家园的热爱，是对故土的眷恋。每一次的和弦轻拨，都勾勒出心头深深的思念，流淌成一汪温暖的思绪。

4. 月色如水，歌声如风，《庐州月》让人沉浸在岁月的深情里。歌中的琴弦悠扬，如同一段记忆的旋律，让人回忆起那些温馨而美好的瞬间，心中荡漾起涟漪。

5. 用心聆听《庐州月》，仿佛每一个音符都是对家的呼唤。歌中的情感如涓涓细流，深深地扎根在心灵深处。这不仅仅是一首歌，更是一场感悟家园情感的心灵之旅。

6.《庐州月》是一首时光的交响，每一个音符都是一幅画卷，描绘出家乡的美好。歌中透露出的宁静和安逸，勾勒着一片远离尘嚣的桃花源，让人心驰神往。

7. 音符在指尖跳跃，唤起对故乡的眷恋。《庐州月》如一抹淡淡的忧愁，荡漾在歌声中。每一个细腻的琴音都承载着对故土的深情，让人沉浸在岁月的柔情中。

8. 月光洒在江南的山水之间，《庐州月》带着淡淡的忧伤，唤起对往昔岁月的回忆。歌中透露的情感如涓涓细流，将心灵的温暖传递到每一个角落，让人陶醉其中。

9. 在这寂静的夜晚，《庐州月》是一盏明灯，指引着心灵的方向。歌中融入的情感是如此深沉，如同一湾宁静的湖水，映照出对故土的深深眷恋，让人沉醉其中。

10. 月明星稀，情思如诗。《庐州月》是一首唤醒心灵的旋律，歌中的每一个音符都是对家园的深情寄托。在这温暖的旋律里，感受到了岁月的温柔，仿佛每一个琴音都是时光的印记。

**步骤 03** 在输入框中继续输入指令，按 Enter 键发送，AI 会重新提供网易云音乐动态文案，相关指令和回复内容如下。

**Q** 请在添加情感元素的同时，增加一些创造性的表达方式，重新提供 5 条文案，并且每条文案的字数不超过 25 字

**ChatGPT：**

1.《庐州月》如梦幻的月影，弹指间，激起心底深深的依恋。

2. 琴声轻吟，《庐州月》是一段流淌的乡愁，吟唱着故乡的温柔。

3. 歌声荡漾，像是江水般清澈，《庐州月》将时光刻画成柔情的画卷。

4. 夜如水，歌如风，《庐州月》是一壶岁月，倾诉着对故土的眷恋。

5. 歌词如花瓣，飘洒着记忆的芬芳，《庐州月》勾勒出家乡的柔美。

在上述示例中，由于社媒平台是音乐平台，因此提供的主题与音乐相关，并让 AI 生成了关于歌曲的动态文案。但动态文案更多地以个人的感受为主，AI 生成的动态文案仅可作为思路参考，具体发布什么内容取决于用户的需求和喜好。

# 本章小结

本章主要向读者介绍了指令的编写方法和优化技巧，具体内容包括：掌握 10 种编写指令的方法，如明确目标、精心设计、使用自然语言、提供示例、使用问题的形式、添加细节、指定格式、提供上下文、使用正面肯定的语言和假设身份等；掌握 10 种优化指令的技巧，如注重核心、循序渐进地多次提问、鼓励引导、提供选项、归纳问题、设置约束条件、添加附

加条件进行循环提问、综合多维度提问、指定内容的固定指令和生成专业回复的固定指令等；最后还安排了一个综合实例，将介绍通过设计指令生成网易云音乐动态文案的方法。

通过对本章的学习，读者能够更好地掌握编写和优化指令的方法。

## 课后习题

1. 让 AI 生成一篇小红书笔记，主题为"夏日清爽饮品推荐"，要求输出时用"推荐一""推荐二"的格式，字数不超过 300 字，生成的回复如下。

> ⑤ ChatGPT：
>
> **夏日清爽饮品推荐**
> **推荐一：柠檬薄荷冰茶**
> 清新的柠檬与薄荷的搭配，简直是夏日的清爽代表。将新鲜柠檬汁搭配冰茶底，再加入几片清凉的薄荷叶，一口下去仿佛置身于清凉的绿意之中，让你在炎炎夏日中倍感舒爽。
>
>
> 扫一扫，看视频
>
> **推荐二：西瓜蜜橙冰沙**
> 想要一口解渴的味蕾冲击？这款西瓜蜜橙冰沙绝对是理想选择。新鲜的西瓜汁与橙汁混合，加上细腻的冰沙，每一口都是对口腹之欢的完美诠释。清甜的西瓜与橙子的酸爽交织，让你在饮下的瞬间感受到一阵阵清凉的冲击。
>
> 这两款饮品都是夏日中不可或缺的清爽之选，不仅解渴，更能带给你整个夏天的清凉感。动手试试，让你的夏日时光更加美好！

2. 让 AI 根据需求，在《审判日》《基督山伯爵》《星球大战：克隆战争》和《罗马假日》中选择一部适合的电影，生成的回复如下。

> ⑤ ChatGPT：
>
> 根据你的需求，我推荐你观看《罗马假日》。这部电影是一部经典的浪漫喜剧，具有轻松、温馨的氛围，适合用来放松心情。
>
>
> 扫一扫，看视频
>
> 《罗马假日》讲述了一位美国记者在罗马偶然邂逅了一位欧洲国家的公主，两人在一天的时间里度过了一段美好而令人难忘的经历。这部电影以其迷人的情节、优美的场景和令人难以忘怀的角色而闻名，是一部充满轻松、愉悦感的电影。
>
> 相比之下，《审判日》和《星球大战：克隆战争》属于战争和科幻题材，而《基督山伯爵》则涉及复仇情节，可能不太符合你不想看到的题材要求。因此，《罗马假日》是一个让你在观影过程中轻松、愉悦的选择。

# 第**05**章　AI 写作的指令模板

如果用户想节省编写和优化指令的时间，更快地获得想要的回复，就可以运用指令模板进行提问。指令模板是指通过归纳和总结出的特定格式或结构的指令，它可以帮助用户提供 AI 回复的可控性和可预测性，降低 AI 生成不适当内容的风险，提高用户与 AI 的交互体验。

## ◄)) 本章重点

- 文心一言，一言百宝箱
- ChatGPT，提问模板
- 综合实例：推理游戏，编写剧本

# 5.1 文心一言，一言百宝箱

用户可以使用"一言百宝箱"页面中的各种预设指令模板，更好地与 AI 进行对话。这些指令模板经过文心一言的精心设计，可以在不同的场景中引导 AI 生成理想的回复内容。掌握 AI 指令模板的使用技巧，可以大大降低试错成本，提高人机交互效率。

## 5.1.1 练习实例：创意写作，创作诗词

文心一言作为一个强大的语言 AI 工具，其文本生成能力让人们看到了人工智能辅助人类创作的可能性。用户可以尝试使用"创意写作"指令模板，让文心一言自动撰写出富有美感的诗词、视频脚本、歌词、文章等内容。

扫一扫，看视频

**步骤 01** 在文心一言的"一言百宝箱"对话框中，切换至"场景"→"创意写作"选项卡，单击"诗词创作"右下角的"使用"按钮，如图 5.1 所示，即可将所选的指令模板自动填入到输入框中。

图 5.1 单击"使用"按钮

**步骤 02** 按 Enter 键确认，即可生成诗词，相关指令和回复内容如下。

> **Q** 请写一首 [散文诗] 来 [赞美江南春色]，要求辞藻华丽，意境真切，画面鲜活。

> **✦ 文言一心**
>
> **江南春色**
>
> 春风轻拂绿如蓝，烟雨朦胧映桃花。
>
> 翠竹摇曳舞青丝，燕子衔泥筑新家。
>
> 小桥流水绕人家，古道幽深听蛙鸣。
>
> 江南春色无限好，梦里水乡入画来。

在文心一言主页的右上角单击"一言百宝箱"按钮,即可调出相应的对话框。除了在对话框中选择指令模板之外,用户还可以在输入框中输入 /(正斜杠符号),调出收藏的指令模板进行使用;其具体操作方法在第 2 章的 2.1.4 小节中进行了详细介绍,有需要的用户可以前往学习。

➜ 技巧提示　查看收藏的指令模板

在"一言百宝箱"对话框中,切换至"我的收藏"选项卡,如图 5.2 所示,即可查看所有被收藏的指令模板。单击指令模板右上角的 ★ 按钮,即可取消收藏。

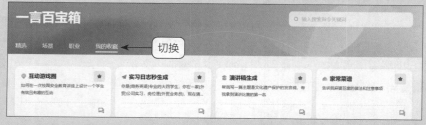

图 5.2　切换至"我的收藏"选项卡

### 5.1.2　练习实例:灵感策划,突破局限

扫一扫,看视频

灵感是创造力的火花,是创新的源泉,而文心一言可以成为用户无尽灵感的源头。无论是创作者、企业家、艺术家,还是其他任何领域的从业者,文心一言都能够为用户提供新颖的想法和激发创作的灵感。而且,文心一言不仅可以提供专业领域的见解,还可以模拟不同的创意风格和思维方式。它可以成为用户的"创意合伙人",帮助用户突破思维的局限,探索更多新的可能性。

**步骤 01** 在文心一言的"一言百宝箱"对话框中,切换至"场景"→"灵感策划"选项卡,单击"发型灵感"右下角的"使用"按钮,如图 5.3 所示,将指令模板自动填入输入框中。

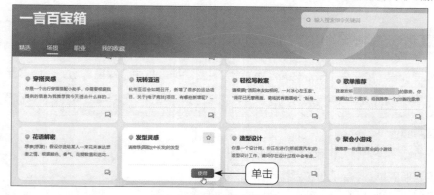

图 5.3　单击"使用"按钮

**步骤 02** 对括号中的内容进行修改，按 Enter 键确认，即可让 AI 推荐适合的发型，相关指令和回复内容如下。

**Q  请推荐 [ 瓜子脸 ][ 短发 ] 的发型**

**文言一心**

对于瓜子脸和短发的女生，以下是一些推荐的发型。

**1. 短发波波头：**这种发型适合各种场合，既可爱又干练，非常适合瓜子脸型的女生。可以选择将头发修剪成下巴长度，打造出自然弯曲的波波头效果。

**2. 短发梨花头：**梨花头是一种非常流行的发型，它强调头发的内弯和柔顺感。对于瓜子脸型的女生，梨花头的弯曲和层次感可以平衡脸部的下颚线条，使脸部看起来更加协调和平衡。

**3. 短发外翻：**这种发型给人一种俏皮和活泼的感觉。外翻的头发可以强调脸部的垂直线条，从而让脸部看起来更加协调和平衡。

**4. 短发内扣：**内扣的短发也是一种非常适合瓜子脸型的发型。它可以强调脸部的水平线条，平衡脸部的上半部分宽度，使脸部看起来更加协调和平衡。

**5. 短发齐肩：**对于想要一个比短发稍微长一点的发型的女生，可以选择齐肩短发。这种发型既时尚又容易打理，非常适合瓜子脸型的女生。

**6. 短发配刘海：**刘海可以平衡瓜子脸型的上半部分宽度，使脸部看起来更加协调和平衡。可以选择轻微的斜刘海或平刘海，根据个人喜好和脸型来定。

以上发型都可以通过使用不同的造型工具和造型产品来打造出不同的效果，你可以根据自己的喜好和风格进行选择。同时，建议定期修剪和保养头发，保持头发的健康和光泽，提升整体的美感。

**➡ 知识扩展  搜索指令模板**

除了在不同的选项卡中挑选指令模板之外，用户可以在"一言百宝箱"对话框右上角的搜索框中输入要寻找的模板类型，系统会自动查找并显示相关的指令模板。图 5.4 所示为输入"心理"搜索到的指令模板。需要注意的是，"一言百宝箱"中的指令模板是不断更新的，因此碰到喜欢、实用的模板最好收藏起来。

图 5.4  输入"心理"搜索到的指令模板

### 5.1.3　练习实例：人物对话，扩展思路

扫一扫，看视频

　　"人物对话"指令模板有解决问题的妙用，用户可以通过设定虚拟角色对话，让文心一言站在他人的视角提供建议，获得更多新的思路。

　　**步骤 01** 在文心一言的"一言百宝箱"对话框中，切换至"场景"→"人物对话"选项卡，单击"逃出二维世界"右下角的"使用"按钮，如图 5.5 所示，将指令模板自动填入输入框中。

**图 5.5　单击"使用"按钮**

　　**步骤 02** 修改括号中的内容，按 Enter 键确认，即可与喜羊羊进行对话，相关指令和回复内容如下。

> **Q** 你是 [ 喜羊羊 ]，我把你从动画世界带到了现实世界，你想对我说些什么呢

**文言一心**

　　啊！你竟然能把我从动画世界带到现实世界！这真是太神奇了！我想问问你，现实世界是不是和动画世界一样充满了惊险和刺激？还有，你能不能告诉我，这里有没有美羊羊、沸羊羊和其他的小伙伴们？我好想和他们一起玩啊！

### 5.1.4　练习实例：商业分析，SWOT 分析

扫一扫，看视频

　　SWOT 分析是一种常用的战略分析工具，主要用于识别一个组织或项目的优势（strengths）、劣势（weaknesses）、机会（opportunities）和威胁（threats）。这种分析方法有助于制定相应的策略来应对外部环境的变化，并帮助组织或项目更好地利用自身优势和机会来提高绩效和实现目标。

　　**步骤 01** 在文心一言的"一言百宝箱"对话框中，切换至"场景"→"商业分析"选项卡，单击"SWOT 分析"右下角的"使用"按钮，如图 5.6 所示，即可将指令模板自动填入输入框中。

图 5.6 单击"使用"按钮

**步骤 02** 按 Enter 键确认,即可对在线短剧进行分析,相关指令和回复内容如下。

**Q** 请用 SWOT 帮我分析一下"在线短剧"

**文言一心**

**在线短剧的 SWOT 分析如下。**

**优势:**

**1. 内容丰富多样:** 在线短剧可以涵盖各种题材,满足不同观众的需求。无论是悬疑、喜剧、爱情还是其他类型,短剧都能在短时间内呈现精彩的故事。

**2. 观看便捷:** 在线短剧通常以流媒体的形式存在,用户只需通过智能手机、平板或电脑即可随时随地观看,无须等待。

**3. 制作成本相对较低:** 与长篇电视剧或电影相比,短剧的制作周期短、场景和演员需求相对较少,因此成本较低。

**4. 适应碎片化时代:** 现代人的生活节奏快,时间碎片化,短剧恰好满足了这一需求,能在短时间内给观众带来充实和满足感。

**劣势:**

**1. 难以塑造完整的世界观和人物关系:** 由于时长限制,短剧往往难以像长剧那样深入挖掘角色内心世界和塑造复杂的人物关系。

**2. 剧情紧凑,压力大:** 由于需要在短时间内呈现高潮,短剧往往节奏紧凑,剧情压力较大,有时会让观众感到紧张和压抑。

**3. 难以获得广泛的受众:** 尽管在线平台为短剧提供了广泛的传播渠道,但要吸引大量观众仍然面临挑战。

**4. 商业模式不清晰:** 相比于长视频平台,在线短剧的商业模式尚不清晰,如何在短时间内实现盈利和持续发展仍需探索。

机会：

**1. 内容创新：** 在线短剧可以尝试不同的题材和表现形式，为观众带来新颖的视听体验。

**2. 与社交媒体结合：** 利用社交媒体平台进行推广和互动，增强观众黏性和参与度。

**3. 制作合作伙伴关系：** 与各大在线平台建立合作关系，提供更多展示机会和资源支持。

**4. 拓展海外市场：** 随着全球文化交流的加深，短剧有机会走出国门，向世界展示其魅力。

威胁：

**1. 竞争激烈：** 长视频平台和短视频平台都在积极布局短剧市场，竞争激烈。

**2. 版权问题：** 由于短剧制作周期短、成本低，容易引发版权纠纷。

**3. 监管政策：** 政府对在线内容的监管政策可能对短剧的发展产生影响。

**4. 技术更新换代：** 随着技术不断发展，观众的观看习惯和口味可能发生变化，对短剧的内容和形式提出更高要求。

### 5.1.5　练习实例：教育培训，英汉互译

文心一言既可以帮助教育者创建自定义的教育内容，提高教学效率，并促进教育创新，又可以为学习者解疑答惑，如充当翻译助手，促进个人的全面成长。

**步骤 01** 在文心一言的"一言百宝箱"对话框中，切换至"场景"→"教育培训"选项卡，单击"英汉互译"右下角的"使用"按钮，如图 5.7 所示，

扫一扫，看视频

即可将指令模板自动填入输入框中。

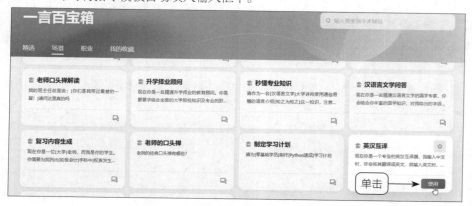

**图 5.7　单击"使用"按钮**

**步骤 02** 将指令进行改写，按 Enter 键确认，即可让 AI 对提供的英文句子进行翻译，相关指令和回复内容如下。

**Q** 现在你是一个专业的英汉互译器，我输入中文时，你会将其翻译成英文；我输入英文时，你会将其翻译成中文。接下来，我输入的内容是 [A friend in need is a friend indeed.]

患难见真情。

### 5.1.6 练习实例：旅行度假，推荐机位

在旅行的过程中，用户如果想拍出好看的照片，不如将地点告诉文心一言，让它来推荐一些拍照机位，具体操作方法如下。

**步骤 01** 在文心一言的"一言百宝箱"对话框中，切换至"场景"→"旅行度假"选项卡，单击"拍照机位"右下角的"使用"按钮，如图5.8所示，即可将指令模板自动填入输入框中。

扫一扫，看视频

图 5.8 单击"使用"按钮

**步骤 02** 将指令进行改写，按Enter键确认，即可让AI提供相应地点的拍照机位，相关指令和回复内容如下。

**Q** 请作为旅行摄影专家，推荐 [武功山] 的拍照机位

**文言一心**

作为旅行摄影专家，我非常推荐武功山的以下几个拍照机位。

**1. 金顶之巅：**武功山金顶是江西境内最高峰，视野开阔。在这里可以拍摄到武功山的经典大片，抬头就是蓝天白云，脚下是柔软茂密的草甸，近距离看云卷云舒的自由变幻，充满艺术感的山脊线条也是拍照出片的"利器"。遇上风雨不用担心，因为下一秒可能就会遇见另一种风景。

**2. 高山草甸：**春夏抹茶绿，秋冬伫寂黄。从铁蹄峰到金顶，越过千丈岩、发云界一延伸到羊狮幕，连绵30多公里的十多万亩高山草甸，非常值得一看。推荐在绝望坡到客栈这一段拍摄，绝望坡坡度大，站在步道上回头看，连绵的山包都被抹茶绿的草甸覆盖，非常治愈。在这里扎营、拍照，仿佛置身草原。

**3. 千丈岩山顶：** 在顶峰客栈附近，可以拍摄到厚重的云海和壮丽的山景。春冬季的云海往往非常厚，持续时间也更长。

以上是我推荐的武功山的拍照机位，每个机位都有独特的风景和视角，希望对您的旅行摄影有所帮助。

### 5.1.7 练习实例：职场效率，工作计划

扫一扫，看视频

忙碌的工作和生活，常常让我们无暇去积极地规划未来。如果有一个效率专家助手，能够帮我们制订合理的工作计划，那该多好！

文心一言就可以扮演这样的智能助理角色。我们只需给出工作任务、时间期限等基本指令，文心一言就可以基于丰富的知识，自动帮我们安排一个高效、合理的工作计划，它甚至会考虑假期等因素，使工作计划更符合实际。具体操作方法如下。

**步骤 01** 在文心一言的"一言百宝箱"对话框中，切换至"场景"→"职场效率"选项卡，单击"月度工作计划"右下角的"使用"按钮，如图 5.9 所示，将指令模板自动填入指令输入框中。

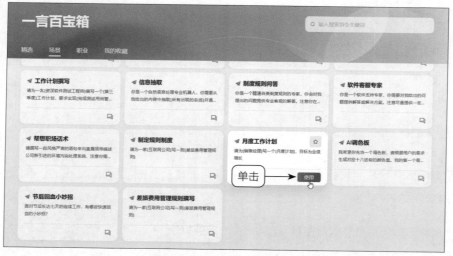

**图 5.9 单击"使用"按钮**

**步骤 02** 按 Enter 键确认，即可让 AI 生成相应的月度工作计划，相关指令和回复内容如下。

> **Q** 请为 [ 销售经理 ] 写一个 [ 月度计划 ]，目标为业绩增长

**文言一心**

**一、目标**

本月的核心目标是实现业绩增长，提升市场占有率，并加强团队建设和提高客户满意度。

**二、销售策略**

1. 市场分析：持续关注行业动态和竞争对手情况，以便调整销售策略。每周进行一次市场分析会议，分享行业新闻和市场趋势。

2. 产品推广：针对不同客户群体，制订个性化的产品推广方案。通过线上线下活动，提高产品知名度和美誉度。

3. 客户关系管理：加强与客户的沟通，定期回访，了解客户需求，提供解决方案，以提高客户满意度和忠诚度。

4. 团队协作：加强团队内部沟通，定期组织销售培训，提高团队整体销售能力。

**三、具体措施**

1. 客户拓展：通过电话、邮件、拜访等多种方式，主动寻找潜在客户，并积极开展业务合作。制订详细的客户拓展计划，每周跟踪并汇报进展情况。

2. 销售机会管理：对现有客户和潜在客户进行分类管理，明确各客户的销售机会和潜力。制订个性化的销售方案，提高客户转化率。

3. 销售预测：根据历史销售数据和市场趋势，进行本月销售预测。每周对实际销售数据进行跟踪和分析，及时调整销售策略。

4. 绩效考核：制定明确的绩效考核标准，激励团队成员积极开展业务。每月对团队成员进行绩效评估，给予优秀员工奖励和激励。

5. 团队协作：加强团队内部沟通和协作，及时解决销售过程中遇到的问题。定期组织团队建设活动，增强团队凝聚力和归属感。

**四、时间安排**

第一周：完成市场分析，制订本月销售策略和目标。安排客户拓展计划和销售机会管理方案。

第二周：执行客户拓展计划，收集潜在客户信息。加强与现有客户的沟通，提高客户满意度。

第三周：分析销售数据，调整销售策略。开展个性化销售方案，提高客户转化率。

第四周：进行本月销售预测，评估团队绩效。总结本月销售情况，制订下月计划。

---

## 5.1.8　练习实例：营销文案，产品描述

营销文案是一种书面内容，旨在吸引、引导和激发潜在客户的兴趣，以促使他们采取特定的行动，通常是购买产品、注册账号、订阅服务或与品牌互动。营销文案可以出现在各种媒体上，包括广告片、网站、社交媒体、电子邮件、宣传册、产品包装和其他宣传材料。

扫一扫，看视频

使用文心一言可以快速写出各种营销文案，如为某个产品撰写一篇产品描述文案，介绍产品的卖点，具体操作方法如下。

**步骤 01** 在文心一言的"一言百宝箱"对话框中，切换至"场景"→"营销文案"选项卡，单击"产品描述"右下角的"使用"按钮，如图 5.10 所示，将指令模板自动填入指令输入框中。

图 5.10 单击"使用"按钮

**步骤 02** 将括号中的内容进行修改,按Enter键确认,即可让AI生成智能手环的产品描述,相关指令和回复内容如下。

**Q** 你现在是一名产品运营,现在要为 [ 智能手环 ] 写一篇产品描述,要求想出 [5] 个独特的卖点,语言专业有吸引力

**文言一心**

**产品描述:智能手环**

智能手环,一款集时尚与实用于一身的智能穿戴设备,为您的生活带来无限可能。以下是它的五大独特卖点。

**1. 全天健康监测:** 智能手环具备心率监测、血压监测和睡眠质量分析功能,让您全天候了解自己的健康状况。

**2. 运动模式多样:** 无论是户外跑步、室内健身还是游泳,智能手环都能为您记录运动轨迹、消耗的卡路里等数据,助您更科学地锻炼。

**3. 智能提醒与通知:** 智能手环可实时同步手机通知,无论是电话、短信还是社交应用,再也不会错过任何重要信息。

**4. 时尚与个性并存:** 多种颜色与表带可选,让您的智能手环成为彰显个性的时尚配饰。

**5. 电池续航强大:** 一次充电,智能手环可连续工作长达 XX 天,让您无须频繁为设备充电,尽享无忧体验。

智能手环,不仅是一款科技产品,更是您健康生活的得力助手。现在就为自己选择一款智能手环,迈向更健康、更智慧的生活方式吧!

➡ 温馨提示

除了在"场景"选项卡中查找和使用指令模板之外，用户也可以切换至"精选"选项卡中，查看文心一言推荐的指令模板，如图 5.11 所示。

图 5.11 "精选"选项卡

另外，在"职业"选项卡中，文心一言还针对学生、自媒体、产品/运营、技术研发、企业管理者、市场营销、党政机关、销售、老师和行政人力这 10 类人群推荐常用的指令模板，方便用户更快、更精准地找到需要的模板，如图 5.12 所示。

图 5.12 "职业"选项卡

## 5.2 ChatGPT，提问模板

虽然 ChatGPT 没有官方的指令模板，但是在与其交流的过程中，可以总结出一些简单、实用的提问模板，帮助用户更快获得需要的回复。除了前面介绍过的一些固定指令之外，用户还可以运用一些具体类别的指令模板来生成对应的文案。

### 5.2.1　练习实例：动漫脚本，提供参考

扫一扫，看视频

　　　　与电视剧、电影一样，动漫也是影视行业中重要的娱乐形式；不同的是，动漫的图像形式主要是以漫画或插画形式来讲述故事、表达观点。动漫由一定的脚本统领，串联单个的漫画成册，组成完整的动漫电影。用户巧用 ChatGPT，可以获得创作动漫脚本的灵感和参考。

　　用户运用 ChatGPT 创作动漫脚本时可以采用"请你充当动漫制作人，创作一个以×××为主题的动漫电影脚本"的指令模板进行提问，采用该指令模板让 ChatGPT 创作动漫脚本的示例如下。

**Q** 请你充当动漫制作人，创作一个以玉米历险记为主题的动漫电影脚本

> 🌀 **ChatGPT：**

当然可以！以下是一个以《玉米历险记》为主题的动漫电影脚本梗概。

**片名：《玉米大冒险》**

**故事概要：**

在一个充满奇幻和冒险的农田里，一颗特殊的玉米种子"米米"意外孕育了一群充满生命力的玉米角色。这些玉米们都有着独特的个性和技能。他们的目标是寻找传说中的"黄金土壤"，这片神奇的土地被传说中的"大玉米之神"保护着。

**主要角色：**

1. 米米 —— 一颗年轻、有活力的玉米种子，梦想冒险并找到黄金土壤。

2. 玉琳 —— 一个温暖而聪明的玉米女孩，拥有治愈的能力。

3. 玉勇 —— 一颗勇敢的玉米战士，擅长战斗和冒险。

4. 玉儿 —— 一个热爱冒险的玉米小女孩，总是充满好奇心。

5. 大玉米之神 —— 传说中的守护者，有着神秘的力量。

**情节发展：**

故事从米米孕育而生开始，他决定离开原来的地方，踏上寻找黄金土壤的冒险之旅。在途中，米米遇到了玉琳、玉勇和玉儿，组成了一个勇敢的冒险队伍。他们在农田中经历了许多奇幻的冒险，包括与田螺军团的激烈战斗、穿越玉米迷宫等。

在旅途中，他们听说了大玉米之神的传说，相信只有通过大玉米之神的引导才能找到黄金土壤。于是，他们踏上了找寻大玉米之神的旅程。途中，他们遭遇了各种挑战，但通过团队合作，克服了一个又一个的难关。

最终，他们终于找到了大玉米之神，得知黄金土壤在一个遥远的地方。大玉米之神赋予他们神秘的力量，帮助他们克服前行的困难。冒险队伍最终到达了黄金土壤，看到了这片富饶而神奇的土地，为农田注入了新的生机。

电影结尾，冒险队伍感激大玉米之神的帮助，决定回到自己的地方，将冒险的故事分享给其他玉米们。整个冒险过程不仅让玉米们变得更加坚强和团结，也让农田重新焕发出勃勃生机。

这部动漫电影以冒险、友谊和团队合作为主题，适合所有年龄层观众，旨在传达积极向上的信息。

后续用户还可以让 ChatGPT 尝试将每一幕的具体场景、情节构思写出来，以获得更多的动漫脚本参考。

## 5.2.2 练习实例：期刊文章，轻松创作

期刊与报纸的功效相同，都是刊登有时效性的消息，发挥告知、通知、解惑等作用。期刊文章的内容依据期刊的类型而定，用户可以让 ChatGPT 根据期刊类型生成相应的文章。

扫一扫，看视频

用户运用 ChatGPT 生成期刊文章时可以采用"请根据期刊文章的写法，为×××（期刊类型）刊物写作一篇×××（主题）的文章"的指令模板进行提问，采用该指令模板让 ChatGPT 生成期刊文章的示例如下。

**Q 请根据期刊文章的写法，为服装穿搭刊物写作一篇东北出游穿搭的文章**

**ChatGPT：**

**标题：东北探险之旅——时尚穿搭指南**

**导言：**

在东北的广袤山川中展开一场探险之旅，既是对大自然的亲密接触，也是对自我风采的展示。在这片神秘而壮丽的土地上，我们将带领你探寻最合适的穿搭风格，为你的东北之行增添时尚亮点。

**第一部分：自然融合**

东北的自然风光多种多样，从茂密的森林到广袤的草原，再到雄伟的山脉，需要一套穿搭风格来与之相得益彰。建议选择一身舒适的户外装备，包括轻便的登山鞋、抗风保暖的外套，搭配防水透气的裤子，既能抵挡突如其来的天气变化，又能自在地畅游大自然。

**第二部分：民族元素**

东北地区有着浓厚的民族文化底蕴，融入一些具有东北特色的民族元素将使你的穿搭更具深度。可以选择一些传统的刺绣图案或毛呢材质的服饰，搭配一条红色的围巾或挑选一些手工饰品，展现东北独特的风情。

**第三部分：色彩搭配**

东北的自然景色以雄浑、深沉为主，因此在穿搭中也可以选择一些暖色调和深色系，如深蓝、深绿、咖啡等。在这些基础颜色中加入一些明亮的元素，如橙色或红色，既能突显个性，又能与周围的自然景色相协调。

**第四部分：多功能搭配**

考虑到东北的天气多变，穿搭中最好选择一些多功能性的单品，如可以拆卸的三合一外套、抓绒内胆等。这样不仅可以根据天气情况调整穿着，还可以轻松面对早晚温差的挑战。

**结语：**

东北之行，不仅是对自然风光的探寻，更是对自我品位的展示。通过巧妙地穿搭，你可以在大自然的怀抱中散发独特的魅力。希望这篇时尚穿搭指南能够为你的东北探险之旅增色不少，让你成为山川间最独特的风景。

### 5.2.3  练习实例：哲理故事，提供启发

 哲理故事是指通过生动形象的人物、事件和情节来展现一些具有普遍意义的人生道理或智慧的故事形式。哲理故事能够使人在轻松的阅读中获得启发与感悟，从而帮助人们更好地认识自己和世界。运用 ChatGPT，可以获得 AI 生成
扫一扫，看视频 的哲理故事。

用户运用 ChatGPT 编写哲理故事时可以采用"假设你是一名作家，擅长 ×××，请你提供一个关于 ××× 的故事，要求带有哲理性"的指令模板进行提问，采用该指令模板让 ChatGPT 编写哲理故事示例如下。

**Q** 假设你是一名作家，擅长在故事中反映现实中的黑暗，鼓励人们积极面对，并勇敢斗争，请你提供一个关于狐狸搬家的故事，要求带有哲理性

**⑤ ChatGPT：**

在一个神秘的森林里，住着一只聪明而机敏的狐狸，名叫琥珀。他在这片森林中一直生活得非常幸福，拥有一个舒适而温馨的洞穴，以及丰富的食物资源。

然而，有一天，森林陷入了一场突如其来的大火。烈焰席卷而过，摧毁了琥珀的家园，让他不得不面对独自一人的艰难困境。狐狸感到迷茫和无助，但他深知逃避并不是解决问题的方式。

于是，琥珀决定离开这片被毁坏的土地，去寻找新的家园。他开始了漫长而艰苦的旅程，穿越森林、河流和山脉。途中，他遇到了各种各样的困难和挑战，但狐狸从不气馁，而是以坚韧的毅力一步步克服。

在旅途中，琥珀结识了一群不同种类的动物，他们也是逃离火灾的幸存者。他们彼此搀扶，互相支持，共同度过了艰难的日子。通过这个团结的力量，他们找到了一个新的、更安全的生活地点。

最终，琥珀和他的新朋友们建立了一个繁荣的社区，彼此成为了家人。这段经历让狐狸明白，生活中的黑暗和困境只是磨砺我们内心坚韧的机会，只有在面对逆境时，我们才能真正发现自己内在的力量。

这个故事告诉我们，当生活中的火焰烧毁我们的安逸时，我们不应该畏惧，而是要迎难而上，用勇气和希望寻找新的机会和可能。因为正是在逆境中，我们才能找到真正的家园，发现内心深处那个坚韧而不屈的自己。

## 5.2.4 练习实例：个性签名，留下印象

个性签名的功效相当于人们的座右铭，可以是名人名言，也可以是简短的句子。个性签名可以当作人们在互联网上设置的名片，帮助在社交中留下独特的第一印象。通过 ChatGPT，用户可以获得一些独特、新颖的个性签名。

用户运用 ChatGPT 生成个性签名时可以采用"请融入 ×××、×××、扫一扫，看视频 ×××（关键词）等词，并运用修辞手法，帮我写 ×（数量）条有趣、独特的个性签名，字数在 ×（数字）字以内"的指令模板进行提问，采用该指令模板让 ChatGPT 生成个性签名的示例如下。

**Q** 请融入梦想、月亮、萤火虫等词，并运用修辞手法，帮我写 10 条有趣、独特的个性签名，字数在 20 字以内

**ChatGPT：**

1. 梦想是心灵的月亮，点缀人生如萤火虫之舞。

2. 萤火虫眠，梦想绚；月亮行，心事圆。

3. 人生犹如萤火虫之梦，闪烁出独一无二的光芒。

4. 月亮诉说梦想，萤火虫编织人生。

5. 做梦的艺术家，月光下的萤火虫。

6. 梦想如月亮，皎洁而遥远；心灵似萤火虫，璀璨而自由。

7. 在梦的天空中，追逐着萤火虫的音符。

8. 月夜梦想，灵魂的萤火虫在黑暗中熠熠生辉。

9. 心中有月亮，梦里有萤火虫，生命充满诗意。

10. 梦想是心中的明月，追随着萤火虫的足迹舞动。

## 5.2.5 练习实例：发音助手，准确认读

在外语的学习过程中，用户还可以运用 ChatGPT 充当发音助手，让 ChatGPT 提供某个外语词汇的音标，帮助用户准确地认读外语词汇。

用户运用 ChatGPT 充当发音助手时可以采用"请你充当一个专业的外文发音助手，当我输入单词或句子时，向我提供 ×××（外语）音标，并进行翻译。我的第一个单词或句子是【×××】"的指令模板进行提问，采用该指令模板让 ChatGPT 充当发音助手示例如下。

扫一扫，看视频

**Q** 请你充当一个专业的外文发音助手，当我输入单词或句子时，向我提供英语音标，并进行翻译。我的第一个单词或句子是【Serendipity】

**ChatGPT：**

"Serendipity"是一个英语单词，音标为 [ˌserənˈdɪpəti]。这个词表示意外发现或意外事件，通常是积极的、幸运的。

### 5.2.6 练习实例：高情商回复，良好沟通

高情商回复无论是在线上网络世界还是在线下现实生活中，都是极为人所追捧的一种技能。尤其是当人们面临着长辈的关心、领导的催促、好友的抛梗时，高情商回复能够营造一个平和的对话氛围。

扫一扫，看视频　　在 ChatGPT 的帮助下，用户可以获得高情商回复的模板，再根据实际情况进行调整，便可以在人际沟通中达到舒适的状态。用户运用 ChatGPT 生成高情商回复时可以采用"请根据以下情境给出高情商回复，要求表现出尊重和礼貌（另起一行，输入情境）"的指令模板进行提问，采用该指令模板让 ChatGPT 生成高情商回复示例如下。

> **Q** 请根据以下情境给出高情商回复，要求表现出尊重和礼貌
>
> 情境：交电费时，室友觉得用电太快了，不正常

**ChatGPT：**

**回复 1：**

"嗯，我理解你的担忧。电费确实是我们共同关心的事情。我们可以一起讨论一下如何更有效地使用电，以及有没有什么方法能够减少电费的支出。如果有什么我可以改善的地方，请随时告诉我，我们可以共同为维护室内环境做出贡献。谢谢你提出来，我很愿意与你合作解决这个问题。"

**回复 2：**

"感谢你提醒，我确实会注意一下用电的情况。如果有什么我能做的来减少电费支出的，也请告诉我。我们可以一起探讨一下如何更有效地管理电力消耗，确保我们都感到满意。谢谢你的理解和合作。"

**回复 3：**

"我明白你的担忧，电费确实是一个需要我们大家共同关心的问题。我会检查一下我们的电器使用情况，看看是否有一些可以优化的地方。如果你有任何建议或者想法，我都很愿意听取并考虑。我们可以共同努力，确保我们的生活质量不受到过多的干扰。感谢你的关注和反馈。"

### 5.2.7 练习实例：穿搭模板，提供灵感

"人靠衣装"这句俗语广为流传不无道理。穿搭好看对一个人的气质、气场、外在形象等方面能够起到好的影响，如法律职业人员穿搭职业正装，会给人留下专业的印象。在 ChatGPT 的帮助下，用户可以获得客观、可靠的穿搭灵感。

扫一扫，看视频　　用户运用 ChatGPT 提供穿搭灵感时可以采用"请你作为一名时尚顾问，为 ××× 人群推荐 × 套适合 ××× 的衣着搭配"的指令模板进行提问，采用该指令模板让 ChatGPT 提供穿搭灵感示例如下。

**Q** 请你作为一名时尚顾问，为小个子人群推荐 5 套适合去海边旅行的衣着搭配

**ChatGPT：**

当为小个子人群设计海边旅行的衣着搭配时，可以选择一些能够拉长身形、轻松舒适、同时具有时尚感的服装。以下是 5 套适合小个子人群去海边旅行的搭配建议。

**搭配 1：**

- 选择高腰宽松短裤，可以修饰腿部线条。
- 搭配一件清爽的露肩短袖上衣，增加视觉上的垂直感。
- 配一双舒适的凉鞋，便于海边漫步。
- 搭配宽檐草帽，既能遮阳又增添时尚感。

**搭配 2：**

- 选择高腰阔腿裤，打造修长腿部线条。
- 搭配一件轻盈的无袖连衣裙，选择明亮的海洋色调。
- 佩戴一串贝壳或珍珠的项链，增加海边度假的氛围。
- 搭配平底凉鞋，既舒适又适合海滩步道。

**搭配 3：**

- 选择高腰牛仔短裤，展现腿部曲线。
- 搭配一件宽松的露肩吊带上衣，凸显颈部和肩部线条。
- 挑选一顶时尚的大遮阳帽，既能防晒又增添亮点。
- 搭配一双时髦的平底凉鞋，便于穿梭于沙滩和海滩酒吧之间。

**搭配 4：**

- 选择高腰阔腿短裤，打破裤腿长度，让腿部显得更长。
- 搭配一件轻薄的 V 领连衣裙，选择海洋元素的图案或颜色。
- 搭配一双流苏装饰的凉鞋，增加活力感。
- 搭配一顶防晒帽，既实用又时尚。

**搭配 5：**

- 选择高腰连体裤，打造整体修长效果。
- 搭配一件宽松的短袖衬衫，选择轻薄透气的面料。
- 佩戴一副太阳镜，既能防晒又增添时尚感。
- 搭配一双简约的平底凉鞋，保持舒适度。

在选择服装时，注意颜色的搭配，尽量选择清爽的海洋色系，避免过于复杂的图案，使整体搭配更加干净利落。此外，挑选轻便、透气的面料，确保在海边的炎热天气中也能保持舒适。

## 5.3 综合实例：推理游戏，编写剧本

扫一扫，看视频

"剧本杀"是推理游戏中的代表性游戏。在"剧本杀"这款游戏盛行之际，ChatGPT 可以发挥编写推理类游戏剧本的作用，为一些商家提供内容创作的思路。

用户运用 ChatGPT 编写推理类游戏剧本时可以采用"请生成一个以 ×××为主题的剧本，用作设置推理游戏，要求逻辑缜密，符合游戏规则"的指令模板进行提问，采用该指令模板让 ChatGPT 编写推理类游戏剧本示例如下。

**Q** 请生成一个以中秋灯会为主题的剧本，用作设置推理游戏，要求逻辑缜密，符合游戏规则

**ChatGPT：**

很好的创意！下面是一个围绕中秋灯会主题的推理游戏剧本概要。

**剧本名称：《中秋密谋》**

**背景设定：**

一年一度的中秋灯会在古镇举行，游客如织，家家户户张灯结彩，庆祝团圆佳节。然而，在这片欢声笑语中，却隐藏着一桩阴谋。

**人物设定：**

1. 李老板：本地著名的茶馆老板，今年负责组织灯会。

2. 陈小姐：来自外地的游客，第一次参加这里的中秋灯会。

3. 王警官：负责此次灯会的安全工作，对李老板有所怀疑。

4. 张阿姨：当地居民，对古镇的秘密了如指掌。

**游戏规则：**

1. 参与者分成四组，每组扮演一名角色。

2. 通过解答谜题、寻找线索和对话交流来推动故事发展。

3. 目标是揭开灯会背后隐藏的秘密。

**剧情简介：**

灯会前夜，李老板在自家茶馆地窖意外发现一件珍贵的古董。为了私吞这件宝贝，他计划在灯会中制造混乱，借机转移藏品。王警官对李老板的行踪起了疑心，决定密切观察。同时，陈小姐在游玩时偶然拍摄到了李老板与神秘人物的交易照片。张阿姨则通过李老板的一些小动作察觉到了不寻常。

**关键事件：**

1. 谜题发现：参与者需要找到李老板遗失的一封密信，该信可能揭示他的计划。

2. 灯笼谜语：灯会中，每个灯笼上都挂着一个谜语，解开谜语会提供线索。

3. 秘密交易：参与者需要在不被发现的情况下，揭露李老板与神秘人物的交易细节。

**结局：**

根据参与者的表现和选择，故事可以有多种结局。

1. 成功阻止：李老板的计划被及时揭露，古董安全上交给当局。

2. 计划得逞：李老板成功转移古董，游客和警官未能及时发现真相。

3. 意外曝光：陈小姐的照片意外公开，引起了媒体的关注，李老板被迫交出古董。

**游戏结束：**

游戏结束时，参与者可以根据线索和推理的正确率来评定自己的表现。这个互动和挑战性强的活动既增强了团队合作，也让每个人都积极参与解谜。

这个剧本可以根据实际情况进行调整，增加更多的角色和剧情线索以丰富游戏体验。希望这个剧本能为你的中秋灯会活动增添更多乐趣！

# 本章小结

本章主要向读者介绍了指令模板的使用方法，具体内容包括：掌握在文心一言中指令模板的使用方法，如创意写作、灵感策划、人物对话、商业分析、教育培训、旅行度假、职场效率和营销文案等；掌握在 ChatGPT 中指令模板的使用方法，如动漫脚本、期刊文章、哲理故事、个性签名、发音助手、高情商回复和穿搭模板等；最后还安排了一个综合实例，将介绍使用指令模板创作推理游戏剧本。

通过对本章的学习，读者能够更好地掌握运用文心一言和 ChatGPT 中的指令模板进行文案写作的方法。

# 课后习题

1. 在文心一言中，使用"情感交流"指令模板写一首告白诗，生成的回复如下。

> 🔅 **ChatGPT：**
>
> 好的，以下是一封情真意切的七言告白诗，希望能够帮助您表白成功。
>
> 情真意切诉衷肠，爱你在心口难藏。
>
> 愿与君共度此生，不离不弃永相望。

扫一扫，看视频

2. 在 ChatGPT 中，运用指令让其创作一个讽刺故事，不超过 300 字，生成的回复如下。

---

⑤ ChatGPT：

在一个虚构的小镇上，有一群自封为"道德守护者"的人，他们专注于道德的传播和推广。这个小团体以教导他人如何过上高尚生活为己任，但他们的方法却让人捉摸不透。

有一天，道德守护者们举办了一场庆典，以庆祝他们的伟大事业。在庆典上，他们向参与者分发了一种神奇的道德手册，声称只要照着上面的规矩做，就能够成为道德的楷模。

然而，这本手册里的规则却异常古怪。其中包括每天要对树木表示感激，禁止穿着不同颜色袜子，甚至规定在午休时要用右手握着餐具，左手摇动背后的风扇，方能保持道德高尚。

小镇的居民们不禁疑惑，这些规则与道德究竟有什么关系。于是，一位勇敢的居民站出来，质疑这些道德守护者的教义。可惜，他很快就发现，这些道德守护者只擅长道德绑架，而不是理性辩论。

故事的结局，小镇的居民们逐渐明白，真正的道德不是被奇怪的规矩所定义，而是体现在真诚、善良和理解他人的行为中。而那些道德守护者，最终只是被他们自己创造的规则所束缚，成为了笑柄。

# 综合实例篇

# 第**06**章　AI 学术文案综合实例

ChatGPT 为学术领域注入了新的活力，它既能作为辅助教学工具，帮助学生更好地理解和应用知识，降低学习难度，又能作为教师和研究人员的助手，提高教学工作和研究任务的完成效率，助力个人的全方面成长。本章将介绍 11 类学术文案的生成方法。

## ◀» 本章重点

- 语法问题实例
- 公式定律实例
- 学习资源实例
- 设计课堂实例
- 制订计划实例
- 课程测验实例
- 调研报告实例
- 实验报告实例
- 课程论文实例
- 毕业论文实例
- 职称论文实例

# 6.1　语法问题实例：解答英文语法问题

用户在学习语言的过程中，语法是一个需要攻克的难题。ChatGPT 可以充当语法助手，为用户解答语法问题，帮助用户建立牢固的语言基础。下面将举例进行说明。

扫一扫，看视频

**Q** 你是一名有丰富教学经验的英文老师，请为我解答以下语法问题，要求：用通俗易懂的语言进行讲解，并进行举例说明

语法问题："She is good in playing the piano（她很擅长弹钢琴）"中的"in"正确吗？

---

**⑤ ChatGPT：**

这句话中使用了"in"是不正确的。正确的表达应该是"She is good at playing the piano"。在这里，我们使用"at"而不是"in"，因为在描述技能或特定活动时，我们通常使用"at"而不是"in"。

举例说明。

- 不正确：She is good in playing the piano.

- 正确：She is good at playing the piano.

另外一些常见的用法。

**1. 好的技能或能力**

  - 不正确：He is good in swimming.

  - 正确：He is good at swimming（他很擅长游泳）.

**2. 专业领域**

  - 不正确：She is good in math.

  - 正确：She is good at math（她很擅长数学）.

总的来说，记住当谈论特定的技能、活动或领域时，使用"at"而不是"in"。

---

**➡ 温馨提示**

需要注意的是，ChatGPT 只是人工智能模型，解答语法问题的能力是大量模型训练和数据收集的结果，并不是真正完全掌握了语言，因此可能会提供错误的回复，用户最好不要盲目地信任回复。

## 6.2　公式定律实例：解释物理定律

在学习数学、物理和化学等学科时，用户常常需要掌握一些公式和定律。对于用户而言，将这些公式和定律背诵下来并不难，但是如何理解它们的内涵并在实际中应用，是学习过程中的一个难题。ChatGPT 可以对这些公式和定律进行解释，并举例进行说明，帮助用户真正理解和掌握它们。下面将举例进行说明。

> **Q** 你是一位物理老师，我是你的学生，请你为我解答以下公式 / 定律，要求：让初学者也能听懂，并举例进行说明
>
> 公式 / 定律：牛顿第二定律

**ChatGPT：**

当然，很高兴回答你的问题！牛顿的第二定律是关于物体受力和运动的定律，它的数学表达式为 F = ma。

让我们分解一下：

- F 代表力（force），单位是牛顿（N）。
- m 代表物体的质量（mass），单位是千克（kg）。
- a 代表物体的加速度（acceleration），单位是米每秒平方（m/s²）。

这个定律的要点是：当一个物体受到外力时，它将产生加速度，而这个加速度与受到的力和物体的质量成正比。如果我们知道物体的质量和受到的力，就可以使用这个公式来计算物体的加速度。

举个例子：假设有一个质量为 2 千克的小车，你用力以 10 牛顿的力推动它。那么根据牛顿的第二定律，可以使用公式 F = ma 来计算小车的加速度。在这个例子中，力 F 是 10N，质量 m 是 2kg，所以加速度 a 就是 F/m，即 10N/2kg = 5m/s²。这表示小车每秒的速度增加 5 米。

这个定律帮助我们理解了力和物体运动之间的关系，使我们能够量化这种关系并进行预测。

## 6.3　学习资源实例：推荐外国诗歌作品

学习资源是指能够支持、促进或丰富学习过程的各种材料、工具和信息，包括书籍、在线课程、教育平台、学术讲座、应用软件等。在学习课程知识和培养兴趣爱好的过程中，用户会需要借助学习资源对知识进行补充和扩展。

让 ChatGPT 推荐学习资源，可以节省用户查找和筛选资源的时间，提升用户的学习效率。例如，本实例主要是让 ChatGPT 推荐外国诗歌作品这类学习资源，具体方法如下。

扫一扫，看视频

**Q** 请根据以下信息为我推荐一些外国诗歌作品，并说明原因

学习情况：我是一名汉语言文学专业的学生，最近在制作一个主题为 17 世纪至 19 世纪外国诗歌鉴赏的课件，需要找一些经典、有特色的外国诗歌作品作为案例

**ChatGPT：**

针对你的需求，我为你推荐一些 17 世纪至 19 世纪的外国诗歌作品，这些作品在文学史上具有重要地位，并能为你的课件提供丰富的案例。以下是一些建议。

1. 约翰·克雷 –《秋季颂》

- 说明：这是英国浪漫主义时期的代表作之一，充满了细腻的自然描写和深刻的情感表达。通过描绘秋天的景象，表达了对生命短暂性和人生的深刻思考。

2. 威廉·华兹华斯 –《孤独的修道院》

- 说明：这首诗是早期英国浪漫主义的代表之一，反映了诗人对自然的热爱以及对时间、回忆和心灵的深沉思考。它在文学史上具有重要的启示作用。

3. 塞缪尔·泰勒·柯勒律治 –《古老水手》

- 说明：这是一首叙事诗，具有强烈的神秘、超自然主题，深受浪漫主义影响。诗中描绘了一名古老水手的冒险故事，探讨了人与自然、命运和道德的关系。

4. 艾米莉·狄金森 –《我一旦死去》

- 说明：这是狄金森最著名的诗之一，以她独特的风格探讨了死亡、时光流逝和永恒的主题。狄金森的作品在 19 世纪末被重新发现，被认为是美国文学的珍宝之一。

这些作品代表了 17 世纪至 19 世纪不同国家和文学流派的经典之作，可以为你的课件提供多样性和深度。在选择时，你还可以根据具体的主题和文学风格做进一步的调整。

### ➔ 技巧提示　让 ChatGPT 对回复进行检查和验证

对于一些理论性、事实性的回复，用户最好保持谨慎，进行检查和验证。如果用户不想自己动手，可以在生成回复的聊天窗口中输入指令，让 ChatGPT 自己进行检查和验证，相关指令如下。

（1）请对以上回复进行检查和验证，确保其真实性和正确性。

（2）请核实上述提到的作品、作者、年份和简介是否正确，如果有误，先指出错误的地方，再重新生成真实、准确的回复。

## 6.4 设计课堂实例：设计课堂导入方式

扫一扫，看视频

在教学过程中，设计课堂内容是完成教学目的、提升学生学习兴趣和学习体验的方法之一。让 ChatGPT 设计课堂内容可以实现个性化教学，充分激发学生的创新思维，还可以减轻用户的备课负担，让用户可以有更多时间来进行教学能力的精进。下面将举例进行说明。

**Q** 你是一名语文老师，下一节课的内容是《蜀道难》，想设计一些形式新颖、引人入胜的课堂导入方式，让学生们更容易被带入作品中

ChatGPT：

当设计《蜀道难》的课堂导入时，可以考虑以下新颖而引人入胜的方式。

**1. 虚拟旅行体验：**利用虚拟现实或者在线地图工具，呈现蜀道的实际地理环境。让学生在课前或课堂上通过这些工具，仿佛身临其境地感受蜀道的险峻与美丽。

引导学生讨论他们的虚拟旅行体验，看看是否能够联想到李白在《蜀道难》中描绘的场景。

**2. 交互式故事探索：**将诗歌的不同部分分配给学生，要求他们分组解读和表演。每组可通过表演、画面展示等方式呈现蜀道的艰难情境。

利用学生的表演来串联整个故事，从而使学生更深入地了解和体验李白的心境。

**3. 感官体验箱：**准备一个感官体验箱，其中包括一些与蜀道相关的元素，如山石、松柏的香气、溪水声等。学生可以在开始课堂时通过触摸、闻、听等感官，引发对蜀道的情感共鸣。

在感官体验后，让学生描述自己感受到的东西，并尝试与《蜀道难》中的描写进行对比。

**4. 现代对比：**将蜀道的艰险与现代生活中的一些困难进行对比，引导学生思考人类在面对困境时的态度和勇气。

利用案例、新闻报道或者短视频，展示现代社会中克服困难的故事，从而唤起学生对《蜀道难》中情感的理解。

**5. 音乐与情感连接：**选取一段与蜀道环境相符的音乐，播放给学生。让他们通过音乐的情感表达，尝试联想到诗中的景色和情感。

学生也可以通过绘画或写作，表达在听到音乐时产生的感觉，从而更好地理解《蜀道难》中的情感。

通过这些创新的导入方式，你可以激发学生的兴趣，使他们更容易投入到《蜀道难》的世界中。

需要注意的是，虽然 ChatGPT 可以提供课堂内容的设计灵感，但用户也要根据实际情况进行选用和调整。

# 6.5　制订计划实例：备考英语六级

应对考试是一个需要充分规划和准备的过程，而每个人的能力水平、学习习惯和时间安排都有所不同，因此一个个性化的备考计划对于取得好的考试结果至关重要。在 ChatGPT 的帮助下，用户可以更高效地完成备考计划的制订，从而积极地迎接考试的挑战。例如，本实例主要是让 ChatGPT 制订备考英语六级的计划，具体方法如下。

扫一扫，看视频

**Q** 我正在备考英语六级，距离考试还有两个月，请根据以下信息为我制订一个备考计划

相关信息：我比较擅长听力和作文写作，阅读理解是我的薄弱项目；我希望能够获得比较高的分数；我每天的下午可以用来备考；目前我已经基本掌握了英语六级的相关单词

**ChatGPT：**

了解到你的情况，我为你设计了一个备考计划，重点关注阅读理解，同时保持对听力和作文的训练。请根据自己的实际情况进行调整，适当安排休息时间。这个计划是一个基础框架，你可以根据实际情况进行灵活调整。

**每周备考计划：**

**第 1~2 周：诊断与规划**

- 进行一次全真模拟考试，了解自己在各项测试中的水平。

- 根据模拟考试结果，制订每项技能的具体提升计划。

**第 3~4 周：阅读理解提升**

- 每天 1~2 小时集中精力进行阅读理解训练，选择历年真题和模拟试卷。

- 注重阅读技巧，提高快速阅读和理解能力。

- 查漏补缺，分析错题原因，逐渐提高正确率。

**第 5~6 周：听力强化**

- 每天至少 1 小时进行听力训练，包括听力理解和听写。

- 听懂不同口音的英语，提高听力反应速度。

- 多听一些英语新闻、访谈等，提高对不同语境的理解。

**第 7~8 周：作文和综合训练**

- 每天 1 小时进行作文训练，包括议论文和应用文。

- 针对作文中可能出现的题型，提前准备相关素材。

- 进行综合训练，模拟考试场景，适应考试压力。

**备考建议：**

- 每周进行一次模拟考试，全面检测自己的水平，并总结经验、教训。

- 每天保持至少 30 分钟的单词记忆和巩固，以保持词汇量。

- 利用下午备考时间集中注意力，保持高效学习。

**考前一周：**

- 复习重点知识点，温习技巧。

- 保持良好的作息和饮食习惯，保证充足的睡眠。

在整个备考过程中，要注重理解题型和解题思路，多练习真题，注重复习和强化薄弱环节。希望你能够按照计划有条不紊地进行备考，取得理想的成绩。祝你考试顺利！

### ➤ 知识扩展　制订其他计划

　　用类似的方法，用户还可以提供相关信息，让 ChatGPT 根据自己的情况来制订学习计划、饮食计划和健身计划，相关指令模板如下。

　　（1）学习计划：请充当一名 ××× 老师，为 ×××（年龄层）学生制订 ××× 课程学习计划。

　　（2）饮食计划：假设你是一名营养师，请设计一份适合 ××× 人群的健康饮食计划，计划内容包含一日三餐，需要营养均衡、美味可口。

　　（3）健身计划：请作为一名健身教练，为 ×××（人群）撰写一个为期 ×××（时长）的健身计划，要求包含健身目标、训练项目及频次、注意事项，计划要明确且详尽，内容科学、严谨。

## 6.6　课程测验实例：编写数学应用题

扫一扫，看视频

　　作为教师，用户可能会需要自己编写一些测验题目或考试题目来考验学生，查看学生对课程知识点的掌握情况。在 ChatGPT 的帮助下，用户可以快速获得相应的课程测验题目。例如，本实例主要是让 ChatGPT 编写数学应用题，具体方法如下。

**Q** 你是一位初三的数学老师，请为你的学生编写 5 道数学应用题，知识点为一元二次方程，要求：全面考查学生对知识点的掌握程度，锻炼学生的思维能力

⑤ ChatGPT:

当然，下面是 5 道考查一元二次方程的数学应用题。

**问题描述 1：**

小明在一个矩形花坛周围铺设瓷砖，花坛的长是瓷砖长的两倍，瓷砖的总长度是 36 米。瓷砖的宽是多少？

要求：

- 定义瓷砖的宽为 x，列出与宽度相关的一元二次方程。

- 解方程，找出瓷砖的宽度。

**问题描述 2：**

一家公司的销售员底薪为 3000 元，每月销售额的提成是销售额的 5%。某个月，他的总收入是 4200 元。这个月的销售额是多少？

要求：

- 定义销售额为 x，列出与销售额相关的一元二次方程。

- 解方程，找出销售额。

**问题描述 3：**

某物体从 100 米的高度自由落体，每秒下落的距离是前一秒的两倍。求第 n 秒时物体下落的总距离。

要求：

- 定义第 n 秒时的总距离为 y，列出与时间 n 相关的一元二次方程。

- 解方程，找出第 n 秒时物体下落的总距离。

**问题描述 4：**

甲、乙两地相距 400 千米，两地间有一列火车以每小时 60 千米的速度往返。若两地的相对距离是每小时 20 千米，求往返的总时间。

要求：

- 定义火车开往甲地的时间为 x，列出与时间 x 相关的一元二次方程。

- 解方程，找出往返的总时间。

**问题描述 5：**

一个三角形的两边长度分别是 x 和 2x，三角形的周长为 15 厘米。求三角形的各边长度。

要求：

- 定义第一条边的长度为 x，列出与 x 相关的一元二次方程。

- 解方程，找出三角形的各边长度。

这些问题涉及一元二次方程的建模和解法，学生需要通过设变量、列方程、解方程等步骤来解决实际问题，以加深对一元二次方程的理解和运用。

## 6.7　调研报告实例：提供方案指导

扫一扫，看视频

调研报告是产生理论知识、做出科学决策的重要依据，具有准确性、清晰化、实用性和逻辑性等特点。最重要的是，调研报告有极强的可读性，适合不同的读者阅读，这与它的语言风格和表达方式有关。在 ChatGPT 的帮助下，用户可以写出有更高可读性的调研报告。例如，本实例主要是让 ChatGPT 提供调研方案指导，具体方法如下。

**Q** 请从调研方法和案例分析方面，为一篇关于"在冬季电热毯和空调哪一个更耗电"的调研报告，提供具体的调研方案指导

### ⑤ ChatGPT：

调研"在冬季电热毯和空调哪一个更耗电"的问题涉及电能消耗、季节性能源利用等方面，需要通过科学的调研方法和案例分析来获取相关数据和信息。以下是一个可能的调研方案指导。

**调研目标：**

1. 比较冬季使用电热毯和空调的电能消耗情况。

2. 分析不同使用条件下两者的能效比。

3. 调查用户对电热毯和空调能效的认知和使用偏好。

**调研方法：**

**1. 电能消耗比较**

　a. 实地测试：

　　- 在相同室内环境条件下，使用电热毯和空调，分别测量其能耗情况。

　　- 采用电能表或智能插座来实时监测能耗。

　b. 文献调研：

　　- 查阅已有研究和报告，了解电热毯和空调的平均能耗水平。

　　- 注意不同品牌和型号之间的差异。

**2. 能效比分析**

　a. 能效标准比较：

　　- 查阅能效标签或相关认证机构的数据，比较电热毯和空调的能效等级。

　b. 季节性能源利用分析：

　　　- 考虑季节性能源供应，比如冬季是否更倾向于使用电热毯，夏季更倾向于使用空调。

　　　- 分析季节性能源利用的可行性和经济性。

　　3. 用户调查

　　　a. 问卷调查：

　　　- 设计问卷，了解用户在冬季使用电热毯和空调的频率、持续时间以及对能耗的关注程度。

　　　- 探讨用户的偏好和选择原因。

　　　b. 深度访谈：

　　　- 针对一些用户进行深度访谈，了解他们对电热毯和空调能效的认知，以及在实际使用中的体验和感受。

　**案例分析：**

　1. **家庭用户案例**

　- 选择一些家庭，分别使用电热毯和空调，并记录他们的电能消耗情况。

　- 进行访谈，了解他们的选择原因和感受。

　2. **商业场所案例**

　- 在一些商业场所，比如办公室、酒店等，实施电热毯和空调的能效改进措施。

　- 对比改进前后的能耗情况，分析经济性和环保效益。

　3. **地区性案例**

　- 选择不同气候和能源价格的地区，比较电热毯和空调的受欢迎程度及其影响因素。

　**数据分析和结论：**

　1. 综合电能消耗、能效比和用户调查数据，进行全面的数据分析。

　2. 从能效、经济性、用户偏好等角度综合评估电热毯和空调在冬季的耗电情况。

　3. 提出建议，例如在一些情境下推荐使用电热毯，而在另一些情境下推荐使用空调。

　以上调研方案和案例分析可以根据实际情况进行调整和补充。在进行调研时，需注意数据的真实性和代表性，以确保调研结果的科学性和可信度。

# 6.8　实验报告实例：提供选题方向

　　实验报告是学术领域中常见的文本，主要用于记录、分析和解释各类实验和测验的结果，从而提高学术水平。用户巧妙地运用 ChatGPT，可以借助 AI 的力量高效地完成实验报告的选题策划和大纲，也可以直接获得一份完整的实验报告。下面将举例进行说明。

扫一扫，看视频

**Q** 你是一名眼科学的研究人员，请以"灯光颜色对眼睛的影响"为主题，提供实验报告的选题方向

### ⑤ ChatGPT：

**题目：灯光颜色对眼睛瞳孔调节和视觉舒适度的影响**

**1. 背景**

- 人们在日常生活中接触到各种不同颜色的灯光，例如白光、黄光、蓝光等。

- 光的颜色被认为对人体生理和心理状态产生影响，但对于眼睛的具体影响还有待深入研究。

**2. 目的**

- 探究不同颜色的灯光对人眼瞳孔直径的影响。

- 调查不同灯光颜色下的视觉舒适度，包括眼部疲劳感和注意力集中程度。

**3. 实验设计**

a. 瞳孔直径测量实验。

- 招募一组志愿者，确保没有眼部疾病。

- 让参与者分别暴露在白光、黄光和蓝光照射下，测量他们的瞳孔直径。

- 通过不同颜色光线下的瞳孔直径变化比较，分析灯光颜色对眼睛瞳孔调节的影响。

b. 视觉舒适度调查。

- 在实验室中创建一个类似办公环境的场景，使用不同颜色的灯光照明。

- 让参与者完成一系列视觉任务，同时记录他们的眼部疲劳感和注意力集中程度。

- 通过统计分析，比较不同灯光颜色条件下的视觉舒适度。

**4. 期望结果**

- 预计不同颜色的灯光对瞳孔直径有不同的影响，可能与光的波长和频率有关。

- 通过调查视觉舒适度，可以了解到哪种颜色的灯光更适合不同的活动，例如工作或休息。

**5. 意义**

- 该实验有助于为室内照明提供科学依据，以提高人们的视觉舒适度和保护眼睛健康。

- 结果可能对设计工作场所、学习环境和家庭照明等方面提供指导，促进人们更好地利用灯光资源。

需要注意的是，ChatGPT 提供的实验设计仅作为参考，用户还需要结合实际情况进行调整、测验。另外，用户还可以将写完的实验报告内容提供给 ChatGPT，让它进行修改和润色。

# 6.9　课程论文实例：策划合适选题

在教授一门课程时，出于对课程内容和学生能力的考查，教师可能会布置一篇论文来作为课程的考核，因此对于用户而言，撰写一篇高质量的课程论文可以获得不错的课程成绩。

扫一扫，看视频

一般来说，教师不会给出某一个固定的课程论文选题，而是会提供一个比较宽泛的课程论文主题，或者要求用户根据课程内容来自行决定选题。这样不仅可以考查用户对课程内容的熟悉程度，还可以锻炼用户的研究能力、分析能力和创新能力。用户可以向 ChatGPT 提供课程名称和论文主题，让它来帮忙策划选题。下面将举例进行说明。

**Q** 我是一名服装设计专业的学生，"中外服装史"这门课程需要写一篇课程论文，主题为分析某个时代的服装特色，请提供 10 个论文选题，要求：符合课程内容和主题，有创新性

---

**⑤ ChatGPT：**

当你选择一个时代来分析其服装特色时，你可以考虑以下 10 个具有创新性的论文选题。

**1. "文艺复兴时期的服装演变：艺术与时尚的交汇"**

- 探讨文艺复兴时期（14 世纪至 17 世纪）的服装特色，尤其关注艺术、文化和社会因素对时尚的影响。

**2. "大正时代日本的时尚变革：西方影响与本土创新"**

- 研究大正时代（1912 年至 1926 年）日本的服装演变，分析西方文化对日本时尚的影响，并探讨本土创新的元素。

**3. "维多利亚时代女性服装的社会象征与变革"**

- 探讨维多利亚时代女性服装如何反映社会观念和变革，以及它们在当时社会中的象征意义。

**4. "18 世纪法国宫廷服装：权力、奢侈与身份象征"**

- 研究 18 世纪法国宫廷的服装特色，深入探讨服装在权力结构、奢侈品和身份象征方面的角色。

**5. "1920 年代的女性解放与时尚革命"**

- 分析 20 世纪 20 年代女性解放运动如何在时尚上找到表达，并研究这一时期的服装设计如何反映了社会的变革。

**6. "古埃及时尚：永恒的魅力与文化符号"**

- 研究古埃及时期的服装，探讨其与社会、宗教和文化的关系，以及服装在表达身份和地位方面的作用。

**7."1980 年代的流行文化塑造时尚：音乐、电影与时尚之间的互动"**

- 分析 20 世纪 80 年代流行文化对时尚的影响，包括音乐、电影等媒体如何与时尚产业相互作用。

**8."清朝时期的服饰与社会地位：儒家伦理与礼仪规范的体现"**

- 研究清朝时期的服装，深入了解儒家伦理观念和礼仪规范如何在服饰中得到表达，并影响社会地位的象征。

**9."现代主义时代的服装设计：功能性与美学的融合"**

- 探讨 20 世纪初现代主义时期的服装设计，分析其强调功能性和简约美学的特色，以及这种设计理念对当代时尚的影响。

**10."南北朝时期的中国服装：地域差异与文化融合"**

- 研究南北朝时期中国不同地区的服装特色，分析地域文化差异如何在服饰中体现，并研究文化融合对服装的影响。

---

# 6.10 毕业论文实例：生成论文大纲

扫一扫，看视频

毕业论文是指用户在结束当前学业阶段时必须完成的研究性论文。它根据不同的标准可以分为多种类型，例如大学生毕业论文、文史类毕业论文等。

虽然"毕业论文"这个词常用于本科阶段，硕士和博士阶段更多是用"学位论文"来称呼，但一般情况下毕业也就意味着获得学位，因此毕业论文和学位论文可以视为同义词。

在撰写毕业论文时，用户首先要确定一个自己感兴趣、与专业相关、难度适中的选题，然后对整篇论文的内容进行规划，即创作论文大纲。一个合理的论文大纲可以为论文写作提供指导框架，确保论文的逻辑连贯、结构完整和内容精练，提高论文写作的效率和质量。运用 ChatGPT，用户可以快速获得一个完整、合理的论文大纲。下面将举例进行说明。

**Q** 我是一名室内设计专业的学生，需要写一篇本科毕业论文，题目为《汉唐风华：古代文学题材在现代室内设计的应用》，请为我提供一份论文大纲，要求：结构清晰，格式正确，围绕题目展开，内容兼具现实意义和创新性

**⑤ ChatGPT:**

**论文大纲：《汉唐风华：古代文学题材在现代室内设计的应用》**

**I. 引言**

A. 背景介绍

　1. 汉唐文学的独特魅力

　2. 当代室内设计中融入传统文学的趋势

B. 论文目的和意义

　　1. 探讨汉唐文学在现代室内设计中的潜在应用

　　2. 引出论文结构及研究重点

## II. 文学与设计的交融

A. 文学题材与室内设计的关联

　　1. 文学在设计中的表达方式

　　2. 汉唐文学题材的设计潜力

## III. 汉唐文学的审美特征

A. 汉唐文学概述

　　1. 汉唐文学的历史背景

　　2. 文学作品中的审美元素

B. 汉唐文学题材的艺术表达

　　1. 选定的汉唐文学作品及其特色

　　2. 文学题材在室内设计中的意义和应用

## IV. 汉唐文学题材在室内设计中的具体应用

A. 汉唐文学元素的材料与色彩运用

　　1. 融入汉唐文学元素的装饰材料

　　2. 色彩搭配的艺术表达

B. 建筑空间中的文学主题设计

　　1. 文学题材的空间布局

　　2. 利用建筑结构传达文学情感

## V. 实例分析与案例展示

A. 描述实际室内设计案例

　　1. 强调设计师如何应用汉唐文学题材

　　2. 展示设计中融入的文学内涵和实际效果

## VI. 创新性思考与未来展望

A. 对于文学在室内设计中的创新思考

　　1. 探索更深层次的文学融合

　　2. 提出在未来设计中更广泛应用文学题材的可能性

## VII. 结论

A. 总结研究成果

　　1. 指出本研究的主要发现

　　2. 突出汉唐文学在室内设计中的实际应用价值

## VIII. 参考文献

## IX. 附录

A. 室内设计案例图片

B. 调研问卷及结果分析

该大纲以清晰的结构展示了论文的逻辑框架，将通过对汉唐文学的审美特征、文学在设计中的应用，以及对未来的创新性思考来展开深入研究。在实例分析与案例展示部分，通过具体案例将理论与实践相结合，以增强论文的可读性和实用性。

## 6.11　职称论文实例：检查论文内容

扫一扫，看视频

职称论文是指用于申请或评定职称的学术性论文。不同领域的职称制度有所不同，但一般来说，通过撰写和提交职称论文，用户能够展示其在特定领域内的学术研究、实践经验和专业贡献，从而证明自己符合晋升或评定更高职称的标准。

用户在完成职称论文的写作后，可以借助 ChatGPT 对论文内容的专业性和正确性进行检查和修改，从而提高职称论文的质量。下面将举例进行说明。

**Q** 我是一名记者，为了参与主任记者的评定，正在撰写一篇职称论文，请你根据相关的专业知识和语法结构，检查以下论文内容和语法结构的正确性，指出问题，并提供修改意见

论文内容：

1.1　虚假新闻

1.1.1　定义

虚假新闻的定义并不简单，因为它既包括了无意的错误，也包括了故意歪曲事实、完全捏造的信息。为了更好地理解虚假新闻，我们需要从不同的角度考察学术界对这一概念的定义。一种广泛接受的观点认为，虚假新闻是指那些违背真实事实的、故意误导读者的新闻报道。这涵盖了事实的歪曲、错误信息的传播以及有意制造的虚构故事。

1.1.2　影响

虚假新闻对社会产生了广泛而深远的影响。首先，它扰乱了公共舆论，导致人们对现实世界产生了错误的认知。此外，虚假新闻还可能影响选民的决策过程，使政治、社会和经济领域的决策基于错误的信息。这种情况可能导致社会不稳定，损害民主制度的运作。

**ChatGPT：**

论文内容在探讨虚假新闻的定义和影响方面表达得相对清晰，但仍存在一些语法和表达上的问题。以下是一些建议的修改：

## 1.1　虚假新闻

### 1.1.1　定义

虚假新闻的定义并不简单，因为它既包括了无意的错误，也包括了故意歪曲事实、完全捏造的信息。为了更好地理解虚假新闻，我们需要从不同的角度考察学术界对这一概念的定义。一种广泛接受的观点认为，虚假新闻是指那些违背真实事实、故意误导读者的新闻报道，其中包括事实的歪曲、错误信息的传播以及有意制造的虚构故事。

### 1.1.2　影响

虚假新闻对社会产生了广泛而深远的影响。首先，它扰乱了公共舆论，导致人们对现实世界产生了错误的认知。此外，虚假新闻还可能影响选民的决策过程，使政治、社会和经济领域的决策基于错误的信息。这种情况可能导致社会不稳定，损害民主制度的运作。

在修改中，我主要进行了以下调整：

- 在第 1.1.1 小节中，对虚假新闻的定义进行了补充，使其更加详细和具体。

# 第07章 AI 职场文案综合实例

ChatGPT 最常见的应用领域之一就是职场。在职场中，ChatGPT 能够为用户提供建议和指导，让用户规划自己的职业生涯、提升自己的办公技能和办公效率。例如，用户可以运用 ChatGPT 快速完成一些办公文案的写作。本章将介绍 15 类职场文案的生成方法。

◀)) **本章重点**

- 职业规划实例
- 创业指导实例
- 个人简历实例
- 模拟面试实例
- 文本分析实例
- 编写公式实例
- 检查公式实例
- PPT 制作实例
- 人事招聘实例
- 会议发言实例
- 工作总结实例
- 电子邮件实例
- 通知实例
- 会议纪要实例
- 邀请函实例

## 7.1　职业规划实例：为学生提供就业方向

ChatGPT 可以调取各行各业的信息，为用户提供职业规划方面的建议和指导。用户通过与 ChatGPT 对话，可以获得就业方向推荐，从而做出更明确的职业规划。

扫一扫，看视频

**Q** 我是一名汉语言文学专业的大四学生，性格比较内向，不习惯与小孩子相处，平时喜欢写作和阅读，我该如何规划我未来的职业

**⑤ ChatGPT：**

你的汉语言文学专业为你提供了广泛的文学知识和写作技能，这是一个很好的基础。考虑到你内向的性格和不习惯与小孩子相处，你可以在以下方向中寻找适合你的职业规划。

**1. 文学创作与编辑**

　- 尝试成为一名小说家、诗人或散文作家。你可以自由发挥创意，以自己的方式表达思想和情感。

　- 考虑成为编辑，参与文学杂志、出版社或在线平台的编辑工作，帮助其他作家完善他们的作品。

**2. 文学研究与教育**

　- 选择深入文学研究领域，从事研究工作，可以考虑大学、研究机构或文学基金会等地。

　- 如果你喜欢教育，考虑成为高中或大学的语文老师，传授文学知识给学生。

**3. 出版业**

　- 寻找与图书出版相关的职位，如编辑、出版助理或市场营销。你可以参与书籍的编辑、出版和推广工作。

**4. 内容创作与媒体**

　- 进入数字媒体领域，从事网络内容创作、博客写作或社交媒体管理。

　- 考虑成为专业撰稿人，为杂志、报纸或在线平台提供文章。

**5. 企业沟通与写作**

　- 在公司或组织中担任文案策划、公关或企业沟通相关职务，帮助塑造品牌形象和传达信息。

在规划职业时，考虑你的兴趣、技能和价值观，找到一个与你的个性相符的领域。你也可以考虑参加实习或志愿活动，积累实际经验，帮助你更好地了解各个领域的工作环境和要求。最重要的是，保持对学习和发展的开放态度，随时调整和更新职业规划。

## 7.2　创业指导实例：提供开业活动方案

扫一扫，看视频

ChatGPT 可以为有创业需求的用户提供指导，包括市场调查、产品设计、团队建设、开业策划和融资策略等方面的信息。

**Q** 我准备开一家手工编织体验店，想在开业前期举办活动进行宣传和引流，请帮我想 5 个活动方案

**ChatGPT：**

开业前期举办活动是一个极好的宣传和引流方式，能够吸引潜在客户、建立品牌知名度并增加关注度。以下是 5 个手工编织体验店开业前期的活动方案。

**1. 免费体验工坊**

- 活动内容：提供一定数量的免费手工编织体验工坊，让参与者亲身体验编织的乐趣。

- 目的：吸引人流，让更多人了解你的手工编织体验店，同时提供愉快的体验，引发口碑传播。

**2. 创意编织比赛**

- 活动内容：组织创意编织比赛，可以是特定主题的编织作品，设立奖品激发参与者的创造力。

- 目的：吸引有兴趣的手工艺爱好者，同时通过比赛形式增加活动的趣味性，提高关注度。

**3. 名人导师工坊**

- 活动内容：邀请手工编织领域的知名专家或艺术家来店内进行特别工坊，与参与者互动并分享经验。

- 目的：提高店铺的专业形象，吸引更多关注，同时为参与者提供与行业专业人士交流的机会。

**4. 社交媒体挑战活动**

- 活动内容：发起社交媒体挑战，鼓励参与者在自己的社交媒体上分享手工编织作品，并标记店铺。

- 目的：通过社交媒体传播，扩大品牌曝光度，吸引更多线上和线下的参与者。

**5. 开业派对和优惠促销**

- 活动内容：在开业日举办盛大的开业派对，提供限时的优惠促销，如首日消费折扣、赠送小礼品等。

- 目的：在开业时吸引更多顾客，创造活跃的氛围，同时促使第一批客户体验你的服务。

在规划活动时，考虑到目标客户的兴趣和特点，确保活动与手工编织体验店的定位相符。同时，通过社交媒体、本地媒体、合作伙伴等多渠道宣传，确保活动能够达到最大的影响力。

## 7.3 个人简历实例：生成美工编辑求职简历

简历有时被人们视作求职面试时的敲门砖。好的简历能够体现出一个人的专业水平、职业习惯、工作态度等，因而可以给面试官留下好的印象。用户可以运用 ChatGPT 的功能，让它协助自己制作出一份好的简历。

扫一扫，看视频

> **Q** 请根据以下提供的信息生成一份个人简历，要求：简洁明了，易于阅读，能够脱颖而出，不超过一页
>
> 我的信息
>
> 姓名：CC；邮箱：aaaaa@.com；求职目标：美工编辑
>
> 毕业院校：XX 大学；最高学历：本科；所学专业：平面设计
>
> 工作经历：在 A 广告公司中担任设计师助理职位，工作了一年，主要负责辅助设计师完成广告元素和海报的制作；在 C 杂志社中担任美工编辑职位，工作了两年，主要负责杂志电子刊的版面、封面和插图设计
>
> 技能：英语六级，熟练掌握 Adobe Photoshop、Illustrator、InDesign 等软件的操作

### ⑤ ChatGPT：

个人简历

---

姓名 : CC

邮箱 : aaaaa@.com

求职目标 : 美工编辑

---

**教育背景**

毕业院校 : XX 大学

最高学历 : 本科

所学专业 : 平面设计

---

**工作经历**

在 A 广告公司

- 职位 : 设计师助理

- 工作期 : 一年

- 主要职责 : 协助设计师完成广告元素和海报的制作

在 C 杂志社

- 职位 : 美工编辑

- 工作期 : 两年

- 主要职责 : 负责杂志电子刊的版面、封面和插图设计

---

**技能**

- 英语水平 : 英语六级

- 设计软件 : 熟练掌握 Adobe Photoshop、Illustrator、InDesign 等

---

**自我评价**

富有创意，擅长团队协作，能够迅速理解并满足客户需求。在 A 广告公司和 C 杂志社的工作经历中，锻炼了对广告和杂志设计的深刻理解，熟练运用各类设计软件。对美工编辑助理职位充满热情，期望为贵公司带来创新和专业的设计服务。

---

**附加信息**

- 作品集链接 : [ 链接地址 ]

---

以上为个人简历，谢谢考虑。期待有机会为贵公司贡献我的设计才能。

## 7.4  模拟面试实例：生成小说编辑的面试问题

扫一扫，看视频

在面试的过程中，大部分求职者可能都会为面试官的提问而感到紧张，害怕自己回答失误，或者不知道如何展示自己的亮点。当用户有面试需求时，可以赋予 ChatGPT 面试官的身份，让它生成面试中可能会被问到的问题，以提前准备答案，从而缓解紧张感。

**Q** 你现在是言情小说编辑的面试官，请分享在该岗位面试时最常问的 5 个问题，并给出相应的回答范例

**ChatGPT:**

当面试言情小说编辑的候选人时，面试官可能会问一系列问题，以确保申请人具备必要的技能和了解行业。以下是一些可能的问题和回答范例：

**1. 你是如何评估一部言情小说的质量的？**

回答范例：我会关注故事情节的吸引力、人物塑造的深度，以及语言表达的流畅度。同时，我会考虑目标读者群体的兴趣和期望，以确保小说符合目标市场的口味。另外，我会关注作者是否成功地传递了感情和张力，这对于一部言情小说来说至关重要。

**2. 你认为一部成功的言情小说应该具备哪些元素？**

回答范例：一部成功的言情小说应该有引人入胜的情节、饱满而有深度的人物塑造，以及生动的场景描写。此外，情感的表达要真实而感人，让读者能够产生共鸣。最重要的是，小说应该具备独特的风格，能够在竞争激烈的市场中脱颖而出。

**3. 你如何处理与作者的合作？**

回答范例：我认为与作者的合作是建立在相互尊重和开放沟通的基础上的。我会定期与作者进行反馈，分享我的意见和建议，同时也会倾听作者的想法和意见。目标是共同努力，使小说达到最佳状态。我也愿意提供指导和支持，帮助作者不断提升写作水平。

**4. 你对当前言情小说市场的了解是什么？**

回答范例：我密切关注当前的言情小说市场动向，包括流行的题材、读者喜好的变化以及成功作品的特点。我了解市场的多样性，明白不同子流派的兴起和衰退。这有助于我更好地指导作者，使他们的作品能够适应市场需求。

**5. 你如何处理多个项目的时间管理？**

回答范例：我注重有效的时间管理，通过制订清晰的工作计划和设定优先级，确保能够高效地处理多个项目。我会合理分配时间，确保每个项目都得到足够的关注。在紧急情况下，我能够灵活调整计划，保证项目能够按时完成，而不影响质量。

这些问题和回答范例旨在展示申请人是否具备相关的行业知识、技能和与他人合作的能力。当回答这些问题时，申请人应该结合自己的经验和实例，突出自己的优势。

## 7.5 文本分析实例：概括文本主题和观点

ChatGPT 具备自然语言处理和理解的能力，能够帮助用户发现文本中的关键信息，并提供有关内容的分析和见解。使用 ChatGPT 对内容进行分析可以帮助用户深入挖掘文本的含义和主题，以及对其中的趋势和模式进行识别。

扫一扫，看视频

步骤 **01** 打开一个 Word 文档，选择需要分析的文本，在文本上右击，在弹出的快捷菜单中选择"复制"选项，如图 7.1 所示，复制所选内容。

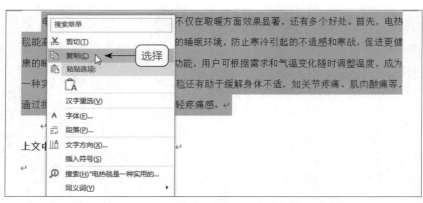

**图 7.1　选择"复制"选项**

**步骤 02** 在 ChatGPT 中输入指令，按 Shift + Enter 组合键换行，并按 Ctrl + V 组合键粘贴所复制的文本，按 Enter 键发送，ChatGPT 即可对文本内容进行分析与处理，相关指令和回复内容如下。

---

**Q** 对下文中的主题和主要论点进行分析：

电热毯是一种实用的家居用品，不仅在取暖方面效果显著，还有多个好处。首先，电热毯能高效提供温暖，为用户创造温馨的睡眠环境，防止寒冷引起的不适感和寒战，促进更健康的睡眠。其次，具备可调节的温控功能，用户可根据需求和气温变化随时调整温度，成为一种实用而个性化的取暖工具。电热毯还有助于缓解身体不适，如关节疼痛、肌肉酸痛等，通过提供均匀温暖促进血液循环，减轻疼痛感。

**ChatGPT：**

主题：电热毯的实用性和多重好处。

主要论点：

**1. 高效提供温暖。** 电热毯能够有效地提供温暖，创造温馨的睡眠环境，防止寒冷引起的不适感和寒战，从而促进更健康的睡眠。

**2. 可调节的温控功能。** 电热毯具备可调节的温控功能，用户可以根据个人需求和气温变化随时调整温度，使其成为一种实用而个性化的取暖工具。

**3. 缓解身体不适。** 电热毯有助于缓解身体不适，如关节疼痛、肌肉酸痛等。通过提供均匀的温暖，电热毯促进血液循环，减轻疼痛感，从而提高用户的生活质量。

综合而言，该文章强调电热毯在提供温暖方面的显著效果，并突出其可调节的温控功能以及对身体健康的积极影响。这些论点共同支持电热毯作为实用家居用品的主题。

---

**步骤 03** 全选 ChatGPT 回复的内容，然后右击，在弹出的快捷菜单中选择"复制"选项，复制内容；在 Word 中的合适位置上右击，在弹出的快捷菜单中单击"粘贴选项："下方的"合并格式"按钮，如图 7.2 所示。

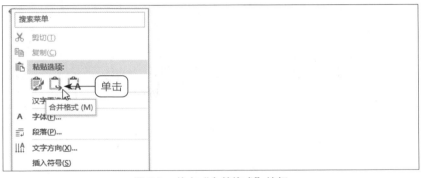

图 7.2　单击"合并格式"按钮

**步骤 04** 执行操作后,即可将 ChatGPT 回复的内容粘贴至 Word 中的合适位置,如图 7.3 所示。

> **上文中的主题和主要论点分析如下：**
>
> 主题：电热毯的实用性和多重好处。
>
> 主要论点：
>
> 1. **高效提供温暖**，电热毯能够有效地提供温暖，创造温馨的睡眠环境，防止寒冷引起的不适感和寒战，从而促进更健康的睡眠。
> 2. **可调节的温控功能**，电热毯具备可调节的温控功能，用户可以根据个人需求和气温变化随时调整温度，使其成为一种实用而个性化的取暖工具。← 粘贴
> 3. **缓解身体不适**，电热毯有助于缓解身体不适，如关节疼痛、肌肉酸痛等。通过提供均匀的温暖，电热毯促进血液循环，减轻疼痛感，从而提高用户的生活质量。
>
> 综合而言，该文章强调电热毯在提供温暖方面的显著效果，并突出其可调节的温控功能以及对身体健康的积极影响。这些论点共同支持电热毯作为实用家居用品的主题。

图 7.3　在 Word 中粘贴 ChatGPT 回复的内容

### ➔ 知识扩展　在 Word 中粘贴文本的技巧

在"粘贴选项："的下方单击"保留源格式"按钮,则粘贴的文本会保留在 ChatGPT 中的格式;单击"合并格式"按钮,则粘贴的文本会兼具 ChatGPT 和 Word 中的部分格式;单击"只保留文本"按钮,则粘贴的文本不会保留任何格式。用户可以根据自己的需求进行选择。

需要注意的是,如果用户在 ChatGPT 中是通过单击"复制"按钮对回复内容进行的复制,那么在 Word 中进行粘贴时,"粘贴选项："的下方只会出现"只保留文本"按钮,并且粘贴的文本中可能会出现 "*"。

## 7.6　编写公式实例：生成销量排名函数公式

当用户需要在 Excel 工作表中编写函数公式时,可以将自己的需求告知 ChatGPT,让它帮忙编写一个完整的函数公式。

扫一扫，看视频

**步骤 01** 打开一个 Excel 工作表，如图 7.4 所示，其中 B2:B5 单元格为商品 4 个季度的销量，需要在 C2:C5 单元格区域显示销量的排名。

| | A | B | C | D | E | F |
|---|---|---|---|---|---|---|
| 1 | 季度 | 销量 | 排名 | | | |
| 2 | 第一季度 | 11356 | | | | |
| 3 | 第二季度 | 12586 | | ← 打开 | | |
| 4 | 第三季度 | 9500 | | | | |
| 5 | 第四季度 | 7562 | | | | |

图 7.4　打开一个 Excel 工作表

**步骤 02** 在 ChatGPT 的输入框中输入指令，按 Enter 键发送，ChatGPT 即可根据要求编写一个完整的函数公式，并对编写的公式进行讲解，相关指令和回复内容如下。

**Q** 在 Excel 工作表中，B2:B5 单元格为商品 4 个季度的销量，请帮我编写一个函数公式，在 C2:C5 单元格中显示销量的排名

**ChatGPT：**

在 Excel 中，你可以使用"RANK.EQ"函数来为销量计算排名。以下是一个示例函数公式，你可以放置在 C2 单元格中，并拖动填充到 C5 单元格：

=RANK.EQ(B2, $B$2:$B$5, 0)

这个公式的含义是，对 B2 单元格中的销量在 B2:B5 范围内进行排名，第三个参数为 0 表示按降序排列。如果要按升序排列，可以将第三个参数改为 1。

然后，将 C2 单元格中的公式拖动填充到 C5 单元格，即可得到相应季度销量的排名。

**步骤 03** 选择编写的函数公式，然后右击，在弹出的快捷菜单中选择"复制"选项，复制公式；返回 Excel 工作表，选择 C2 单元格，在编辑栏中粘贴所复制的公式，按 Enter 键确认，即可计算出第一季度的销量排名，效果如图 7.5 所示。

**步骤 04** 选择 C2:C5 单元格区域，在编辑栏中单击，按 Ctrl + Enter 组合键，即可填充公式，用以批量计算出其他季度的销量排名，效果如图 7.6 所示。

图 7.5　计算出第一季度的销量排名　　图 7.6　批量计算出其他季度的销量排名

➡ **温馨提示**

在 Excel 工作表中，Ctrl ＋ Enter 组合键可以在选中的单元格中填充相同的数据或公式，非常适合用户进行批量填充操作。

## 7.7 检查公式实例：完善取值函数公式

在 Excel 工作表中，当用户发现编写的函数公式无法进行计算或者计算错误时，可以使用 ChatGPT 帮忙检查公式的正确性并完善公式。

扫一扫，看视频

**步骤 01** 打开一个 Excel 工作表，选择 B2 单元格，在编辑栏中输入公式：=ROUND(A2)，如图 7.7 所示。

**步骤 02** 按 Enter 键确认，弹出信息提示框，如图 7.8 所示，单击"确定"按钮，将其关闭，并删除输入的公式。

图 7.7 输入公式

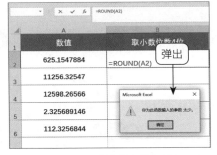

图 7.8 弹出信息提示框

**步骤 03** 在 ChatGPT 的输入框中输入指令，按 Enter 键发送，ChatGPT 即可检查公式并进行完善，相关指令和回复内容如下。

**Q** 在 Excel 工作表中，需要在 B2 单元格中对 A2 单元格中的数值保留小数位数为 4 位，请帮我检查公式的正确性并完善此公式：=ROUND(A2)

**ChatGPT：**

要在 Excel 工作表中将 A2 单元格中的数值保留小数位数为 4 位，您可以使用 ROUND 函数，并在函数中指定小数位数。以下是正确的公式：

=ROUND(A2, 4)

这个公式会将 A2 中的数值四舍五入并保留 4 位小数。确保将这个公式输入 B2 单元格中。

**步骤 04** 复制编写的函数公式，返回 Excel 工作表，选择 B2:B6 单元格区域，在编辑栏中粘贴所复制的公式，按 **Ctrl + Enter** 组合键，即可填充公式，用以批量截取 A 列数值小数位数为 4 位，效果如图 7.9 所示。

**图 7.9　批量截取数值小数位数为 4 位的效果**

## 7.8　PPT 制作实例：策划演示文稿的主题

扫一扫，看视频

　　ChatGPT 具备丰富的信息储备和强大的创造力，用户可以通过 ChatGPT 生成 PPT 主题、封面页、大标题和副标题、目录大纲以及指定的内容页数等，形成完整的 PPT，协助 PPT 的制作。

**Q** 我们公司最近推出了一款电动按摩梳，但是销量和市场反应都不理想。我需要做一个 PPT 在会上对这个问题进行汇报和分析，请为我想几个 PPT 主题

**ChatGPT：**

　　当你需要汇报和分析公司电动按摩梳销量和市场反应不理想的情况时，以下是一些可能的 PPT 主题。

**1. 市场需求分析**

- 介绍当前市场对电动按摩梳的整体需求情况。
- 分析消费者的偏好和趋势，以确定产品是否符合市场期望。

**2. 竞争对手分析**

- 对比竞争对手的同类产品，找出其成功之处。
- 分析竞争对手的市场份额和策略，以了解公司在市场中的定位。

**3. 产品定位和差异化**

- 评估公司电动按摩梳的独特卖点和与竞争对手的区别。
- 提出是否需要调整产品定位以更好满足市场需求。

**4. 消费者反馈和问题点**

- 汇总消费者的反馈，包括正面和负面的意见。
- 分析消费者对产品的不满意之处，找出问题的根本原因。

### 5. 市场营销策略评估

- 回顾过去的市场营销策略，分析其对销售的影响。
- 提出是否需要调整营销策略或者开展新的宣传活动。

### 6. 销售数据和趋势分析

- 展示销售数据的变化趋势，包括销售额、销售量、退货率等。
- 分析销售数据背后的原因，是否受季节性影响或其他因素。

### 7. 价格策略评估

- 分析产品的定价是否合理，与市场需求和竞争对手相比较。
- 提出是否需要调整价格以增加产品的吸引力。

### 8. 市场扩张计划

- 提出未来市场扩张的计划，包括新的目标市场、销售渠道等。
- 分析潜在的机会和风险，制订相应的策略。

### 9. 品牌形象和宣传

- 评估公司品牌在市场中的形象和认知度。
- 提出是否需要重新塑造品牌形象或加强市场宣传。

### 10. 改进计划和行动步骤

- 总结分析结果，明确改进的方向和行动步骤。
- 制订清晰的改进计划，包括产品改进、市场推广、客户服务等方面。

这些主题将有助于全面地分析问题，并提出有针对性的解决方案，以期望提高电动按摩梳的销售和市场反应。

## 7.9 人事招聘实例：生成游戏公司招聘启事

对于有招聘需求的用户来说，招聘启事是广纳人才的有效途径。通过招聘启事上的信息，用户可以找到有针对性的人才，求职者也可以有针对性地找到满意的工作。在 ChatGPT 的帮助下，用户可以轻松获得特定岗位的招聘启事。

扫一扫，看视频

**Q** M 公司是一家游戏公司，主要运营角色扮演类和卡牌类游戏，现在急需招聘 3 名角色设计师，请结合角色设计师的技能，帮 M 公司写一份招聘启事

**⑤ ChatGPT:**

**招聘启事**

尊敬的设计师们：

M 公司，一家专注于角色扮演类和卡牌类游戏的领先游戏公司，现因业务拓展急需招聘出色的角色设计师，共计 3 名。我们正在寻找充满激情、创意无限的设计师，愿意加入我们的团队，共同打造引人入胜、深具魅力的游戏角色。

**职位：角色设计师（3 名）**

**职责和要求：**

1. 角色设计。负责创造独特而令人难以忘怀的游戏角色，包括但不限于外观、服饰、动作等方面的设计。

2. 创意构思。具备卓越的创意思维，能够提供引人注目、符合游戏风格的角色设计概念。

3. 团队合作。能够与游戏开发团队、美术团队等多个部门密切合作，确保角色设计与游戏整体风格和玩法相协调。

4. 技术了解。对游戏开发技术有一定的了解，能够理解和配合游戏引擎的要求。

5. 反馈接受。积极接受来自同事和领导的反馈，不断优化和提升自己的设计水平。

**任职资格：**

1. 设计或相关专业本科及以上学历。

2. 在角色设计领域拥有至少 2 年以上的相关工作经验。

3. 精通常见设计软件，如 Adobe Photoshop、Illustrator 等。

4. 对游戏行业有浓厚兴趣，了解当前主流游戏市场趋势。

5. 良好的沟通能力和团队协作精神。

**我们提供：**

1. 具有竞争力的薪资和福利待遇。

2. 充满创造力和挑战的工作环境。

3. 发展空间。我们注重员工职业发展，提供广泛的培训和晋升机会。

4. 公司文化。我们拥有充满激情和团队协作的企业文化。

**如何申请：**

请将个人简历、作品集和求职信发送至 [ 招聘邮箱 ]，邮件主题请注明"角色设计师申请 - 姓名"。

我们期待有志之士的加入，一同打造令人惊艳的游戏世界！

M 公司人力资源部 敬上

**[ 招聘邮箱：**xxxx@xx.com]

在 ChatGPT 生成招聘启事后，用户还可以将自身公司的情况和对招聘人员的要求提供给 ChatGPT，让 ChatGPT 生成更有针对性、可行性的招聘启事。

## 7.10 会议发言实例：生成招聘工作的反思

在大大小小的会议中，会议发言往往是难以避免的。好的会议发言能够体现出一个人的逻辑思维能力和语言表达能力，用户可以在 ChatGPT 的帮助下轻松写出高质量的发言稿。

扫一扫，看视频

**Q** 我是人事部门的主管，我需要在周一早上的部门会议上进行发言，针对进度缓慢的招聘总结存在的问题，并提供一些建议，请帮我生成一份发言稿

**ChatGPT：**

尊敬的各位同事：

大家早上好。我是人事部门的主管，今天很高兴能够在这个平台上与大家分享一些关于我们招聘工作的反馈和建议。

首先，让我们正视一下我们目前招聘进度缓慢的问题。经过分析，我认为主要有以下几个方面需要改进。

**1. 招聘流程不畅：** 我们的招聘流程可能存在一些烦琐的环节，导致整个过程变得缓慢。我们需要重新审视并简化流程，确保每一步都是必要的，以提高效率。

**2. 招聘需求定义不清晰：** 在一些情况下，招聘需求的定义可能不够清晰明确，导致招聘团队难以精准找到符合要求的人才。我们需要加强与各部门的沟通，确保对职位需求有清晰的了解。

**3. 招聘渠道选择不当：** 我们可能需要重新评估我们目前使用的招聘渠道，确保选择的渠道能够更好地匹配我们的招聘需求，并能够吸引更多的优秀人才。

**4. 候选人体验不佳：** 有时候，我们的候选人在整个招聘过程中可能会遇到一些体验不佳的情况，这可能会影响我们公司的形象。我们需要确保在招聘过程中提供良好的沟通和关怀，提高候选人的满意度。

接下来，我想提出一些建议，以便我们能够更好地改进招聘工作，提高效率和质量。

**1. 优化招聘流程：** 我们应该全面审视我们的招聘流程，识别可能的瓶颈并简化流程。确保每一步都是必要的，并利用现代技术手段来提高流程的自动化程度。

**2. 明确招聘需求：** 加强与各部门的沟通，确保对职位需求的定义明确清晰。建立一个有效的需求收集和确认机制，避免出现不必要的误导。

**3. 多元化招聘渠道：** 考虑尝试一些新的招聘渠道，确保我们的招聘信息能够覆盖更广泛的人群。同时，通过数据分析评估各个渠道的招聘效果，优化投入产出比。

**4. 关注候选人体验：** 提高候选人的体验，包括及时的反馈、友好的沟通和关怀服务。一个良好的候选人体验有助于吸引更多的优秀人才，并提升公司形象。

　　总的来说，我们需要以更加积极主动的态度来面对目前招聘进度的挑战。通过共同努力，我相信我们可以改进我们的招聘工作，吸引更多优秀的人才，为公司的发展注入新的活力。谢谢大家！

## 7.11　工作总结实例：生成公众号运营周报

扫一扫，看视频

　　在工作场景中，工作总结发挥着评估团队和个人工作情况、提高团队的工作质量和个人的工作能力的作用，同时，还能够指导未来的工作。撰写工作总结往往在技巧上没有难度，但需要耗费大量的时间和精力，也十分考验人的总结能力和分析能力。此时，运用 ChatGPT 可以帮助用户快速梳理工作，从而提高撰写工作总结的效率。

**Q** 请根据以下内容帮我写一份 5 月第 3 周的工作周报

1. 工作内容：写了 4 篇公众号文章；外出拍摄了 10 组风景照、6 组人像照

2. 取得的进展：每篇文章的阅读量均在 3000 以上，有一篇文章的阅读量达到 7000，并首次获得了粉丝赞赏

3. 下周计划：将拍摄的照片进行处理和归档；分析并总结文章获得高阅读量和赞赏的原因与技巧；完成 3 篇公众号文章的选题和写作

**ChatGPT：**

**工作周报 - 2024 年 5 月第 3 周**

**1. 工作内容**

本周我致力于公众号运营及摄影工作，具体如下。

- 公众号文章创作：完成了 4 篇公众号文章的撰写，涵盖了不同主题，旨在吸引读者关注。

- 摄影工作：外出拍摄了 10 组精美风景照片和 6 组人像照片，力求通过图文结合，为读者呈现更多多样化的内容。

**2. 取得的进展**

- 阅读量提升：所有文章的阅读量均超过 3000，其中一篇甚至达到了 7000，这显示了读者对内容的高度兴趣。

- 首次获得粉丝赞赏：一篇文章首次受到了粉丝的赞赏，这为进一步激励创作提供了积极的反馈。

**3. 下周计划**

- 照片处理和归档：将本周拍摄的照片进行后期处理，妥善归档，以备将来使用。

- 文章分析与总结：分析本周高阅读量和赞赏的文章，总结取得成功的原因和技巧，为以后的创作提供经验借鉴。

- 公众号文章创作：完成下周的工作计划，包括选题和写作，确保保持对读者的持续吸引。

通过以上计划，我期望在下周继续保持稳定的创作和摄影工作，并进一步提升公众号的影响力和读者互动。感谢大家的支持和关注！

### ➡ 技巧提示　生成工作总结的提问模板

在让 ChatGPT 生成工作总结的过程中，用户可以不断地向 ChatGPT 追加提问，以写出真正有指导性的工作总结。下面分享一些指令模板。

（1）工作总结发挥着什么作用？什么是优质的工作总结？

（2）你现在是一个项目主管，请写一篇有关项目总结的报告，字数在 1000 字左右。

（3）我需要汇报今年上半年的个人工作情况，你有什么建议吗？

（4）请举例说明撰写工作总结的建议和技巧。

（5）请优化这篇工作总结，需要更加突出我的个人贡献。

需要注意的是，ChatGPT 生成的内容带有不确定性，同一个提示词会生成不一样的内容，因此用户在获得 ChatGPT 提供的内容之后，需要结合自身的实际情况、工作需求、喜好等进行调整，以撰写出更好的文本，从而为工作助力。

## 7.12　电子邮件实例：生成学习机促销广告

电子邮件是工作中常见的沟通工具之一。借助电子邮件，用户可以完成信息传递、向上级报告项目进展、与客户进行交流等工作。为了更快地完成电子邮件的写作，用户可以向 ChatGPT 说明电子邮件的主题和对象，让 ChatGPT 根据需求描述进行生成。

扫一扫，看视频

**Q** 请根据以下信息帮我写一封电子邮件，要求格式准确、条理清晰、要点突出

主题：K 公司学习机暑期促销

收件人：C 客户

内容：还在担心孩子暑假在家自己没空辅导作业吗？还在发愁怎么让孩子开阔眼界、增长见识吗？K 公司的 1 号智能学习机帮你解决这些烦恼。在 7 月 1 日至 8 月 31 日，订购学习机可以享受八八折优惠，并且免费赠送配件大礼包，订购 3 台以上还将赠送对应数量的智能点读笔。

发件人：K 公司销售经理 Tom

日期：2024 年 6 月 27 日

**ChatGPT：**

**K 公司学习机暑期促销**

Dear C 客户：

希望您一切安好。我是 K 公司销售经理 Tom，很高兴能通过这封邮件与您分享我们即将推出的暑期促销活动，为您的孩子提供更优质的学习体验。

随着暑假的到来，我们深知家长们对于孩子在家学习的关切。如果您仍在寻找一个既能辅导作业，又能开阔孩子视野、增长见识的解决方案，那么不妨考虑一下 K 公司的 1 号智能学习机。

**促销详情**

- 促销时间：7 月 1 日至 8 月 31 日

- 优惠内容：在此期间，订购我们的学习机可享受八八折优惠，为您节省更多开支。

- 免费配件大礼包：每一台订购的学习机都将附赠免费的配件大礼包，提升您的使用体验。

- 智能点读笔赠送：若您订购 3 台以上的学习机，我们将额外赠送对应数量的智能点读笔，助力孩子更深入地探索知识。

我们相信，K 公司的学习机不仅能够解决您的烦恼，还将为孩子带来更多的学习乐趣和启发。

如果您对我们的产品有任何疑问或需要了解更多详细信息，欢迎随时联系我们。感谢您对 K 公司的信任与支持，期待为您的孩子提供一个有趣而富有成效的暑假学习计划。

祝您和您的家人度过一个美好的暑期！

此致

K 公司销售经理 Tom

**日期：**2024 年 6 月 27 日

## 7.13　通知实例：生成团队成员选拔通知

扫一扫，看视频

通知是一种企业、事业单位用于发布信息、传达资讯的文体，发挥着传递信息、传达决策的作用。在 ChatGPT 的帮助下，用户可以提高撰写通知的效率、准确性和全面性，从而让通知有效发挥它的作用。

**Q** 请根据以下内容写一则通知，要求格式规范、条理清晰、重点突出

D 公司将在 8 月举办为期一个月的图书集市活动，需要组建一个专门的项目团队来负责活动策划、场地联系、参展商沟通、集市设计、宣传推广、活动执行和财务管理等工作，因此要在全公司范围内进行成员选拔。选拔方式为每个人选择一个职位，提交一份关于集市活动的策划和职位工作的规划。本次选拔，全员都需要参与，起止时间为 2024 年 4 月 13 日至 5 月 7 日，通知时间为 2024 年 4 月 10 日，公布选拔结果为 2024 年 5 月 10 日

**⑤ ChatGPT:**

**D 公司图书集市项目团队成员选拔通知**

亲爱的 D 公司全体员工：

为了成功举办即将于 8 月展开的为期一个月的图书集市活动，我们急需组建一个专业的项目团队，负责活动策划、场地联系、参展商沟通、集市设计、宣传推广、活动执行和财务管理等关键工作。为了确保团队的多元化和高效运作，我们决定在全公司范围内进行成员选拔。

选拔方式：每位员工自行选择一个感兴趣的职位，并提交一份关于图书集市活动的策划和所选择职位工作的规划书。

**选拔时间：** 2024 年 4 月 13 日至 5 月 7 日

**提交截止时间：** 2024 年 5 月 7 日

请各位员工在上述时间范围内认真准备并提交相关材料。评审团将在选拔结束后迅速进行评估，并于 2024 年 5 月 10 日公布选拔结果。

**职位列表：**

1. 活动策划专员

2. 场地联系经理

3. 参展商沟通协调员

4. 集市设计师

5. 宣传推广专员

6. 活动执行团队成员

7. 财务管理专员

**提交要求：**

1. 策划书。关于图书集市活动的详细策划，包括目标、计划和执行步骤。

2. 工作规划。所选择职位的工作规划，包括职责范围、工作计划和预期成果。

我们期待着看到各位员工的积极参与和出色的提交。感谢大家对 D 公司的支持，相信通过大家的共同努力，我们将共同创造一场精彩的图书集市活动！

谢谢！

D 公司图书集市项目团队

2024 年 4 月 10 日

## 7.14　会议纪要实例：生成新员工培训会议纪要

扫一扫，看视频

　　会议纪要是会议的记录和凭证。好的会议纪要可以清晰、准确地记录会议内容，并为用户提供指导。一般而言，撰写会议纪要需要遵循一定标准，按照统一的格式进行。借助 ChatGPT 的力量，用户可以更快、更好地完成会议纪要的写作。

**Q** 假设你是会议记录员小 C，请根据以下信息写一篇会议纪要，要求结构清晰、要素齐全

会议内容：

会议议题：就新员工培训流程的完善提出建议

参会人员：宁总、胡总监、刘主管、员工 A、员工 B

会议发言：

1. 宁总介绍会议的目的，希望通过讨论制定出更完善的新员工培训流程，帮助新员工更快、更好地适应公司制度和工作内容。

2. 胡总监指出，可以制订更详细的培训计划表，并制作电子培训资料，如培训视频和培训手册等。

3. 刘主管认为，可以组织新员工欢迎活动，并为新员工安排培训导师。

4. 员工 A 和员工 B 也分享了自己的经验和看法，认为可以对培训进度进行定期评估。

5. 经过讨论，综合多方建议，一致认为可以从以下方面入手提高工作效率：①制作详细的培训计划表和电子培训资料；②组织迎新活动；③安排培训导师；④安排培训进度评估。

会议落实：

1. 胡总监负责制作培训计划表和电子培训资料，并安排培训进度评估；

2. 刘主管负责组织迎新活动，并安排培训导师；

3. 所有参与会议的人员在力所能及的地方尽量为新员工提供帮助，帮助他们更快融入集体。

会议日期：2025 年 8 月 23 日

### ⑤ ChatGPT：

**会议纪要**

**会议主题：**新员工培训流程的改进建议

**参会人员：**宁总、胡总监、刘主管、员工 A、员工 B

**会议日期：** 2025 年 8 月 23 日

---

**会议内容：**

**1. 宁总开场介绍**

- 引言会议目的，旨在通过讨论制定更完善的新员工培训流程，以帮助新员工更快更好地适应公司制度和工作内容。

**2. 胡总监建议**

- 提出制订更详细的培训计划表。
- 建议制作电子培训资料，包括培训视频和培训手册等。

**3. 刘主管建议**

- 建议组织新员工欢迎活动。
- 主张为新员工安排培训导师，以提供更个性化的指导。

**4. 员工经验分享**

- 员工 A 和员工 B 分享个人经验，强调对培训进度进行定期评估的重要性。

**5. 综合建议**

- 一致认为改进点：
- 制作详细的培训计划表和电子培训资料。
- 组织迎新活动。
- 安排培训导师。
- 安排培训进度评估。

---

**会议落实：**

**1. 胡总监责任分工**

- 制作培训计划表和电子培训资料。
- 安排培训进度评估。

**2. 刘主管责任分工**

- 组织迎新活动。
- 安排培训导师。

**3. 全员协作**

- 所有参与会议的人员在力所能及的范围内尽力为新员工提供帮助，帮助他们更快融入集体。

---

**总结：** 会议达成一致，通过改进培训流程的多方面建议，将有助于提高新员工的工作效率和公司融入感。

---

记录员：小 C

## 7.15　邀请函实例：生成公司年会邀请函

　　邀请函是一种正式的书面文件，通常用于邀请个人或团体参加特定的活动、仪式、庆典、会议或其他重要场合。这种文书旨在传达邀请者的真诚邀请，并提供受邀人所需的关键信息。用户可以提供给 ChatGPT 相关的信息，让 ChatGPT 生成一封邀请函。

**Q** 请根据以下信息生成一份 O 公司年会的请柬，要求：格式规范，措辞真挚诚恳，文雅兼备

O 公司是一家经营女装设计的公司，准备在 2025 年 1 月 20 日的晚上 7 点至 9 点举办公司年会，地点在 CC 酒店的 5 楼宴会厅，年会安排了红毯拍照墙、经典设计展、员工抽奖和老板发言等活动。现在需要写一封邀请函，邀请全体员工出席年会。希望他们可以穿带有设计感的服装出席，如果有事无法出席，可以提前向上级进行报备

**⑤ ChatGPT：**

尊敬的 O 公司全体员工：

　　您好！值此辞旧迎新之际，O 公司荣幸地邀请您出席我们 2025 年度盛会——公司年会，共同见证过去一年的辛勤付出和取得的骄人成绩。这将是一场充满温馨和喜悦的盛宴，我们期待您的光临。

　　时间：2025 年 1 月 20 日（星期六）晚上 7 点至 9 点

　　地点：CC 酒店 5 楼宴会厅

　　为了让这个夜晚更加难忘，我们为您精心准备了一系列精彩纷呈的活动，包括红毯拍照墙、经典设计展、员工抽奖和老板发言等。这将是一个展示我们共同努力成果、共同庆祝的时刻。

　　我们期望您能在这个特殊的夜晚穿着带有设计感的服装出席，与大家一同分享美好时光。我们相信，每一位员工都是公司成功的重要组成部分，正是因为有了您的辛勤工作和付出，才有了今天 O 公司的辉煌。

　　如果您因故无法出席，请您提前向您的上级进行报备。我们理解工作与家庭之间的平衡，也期待您能在未来的活动中与我们共同度过更多美好时光。

　　在这个充满期待和祝福的时刻，让我们携手共进，迎接新一年的挑战和机遇。感谢您一直以来的支持和努力，让我们共同为 O 公司的未来继续奋斗！

　　祝您度过一个愉快的假期，期待在年会上与您相聚！

　　诚挚邀请！

　　O 公司董事会 敬上

# 第 **08** 章　AI 电商文案综合实例

电商文案是通过文字表达、描述和推销商品与品牌的一种手段。它旨在用文字打动人心，促使受众产生购买力的决策，通常在电子商务中发挥着关键作用。常见的电商文案包括商品描述文案、商品推广文案、广告文案、品牌文案和客服回复等。本章将介绍 14 类电商文案的生成方法。

◀》 **本章重点**

- 主图实例
- 详情页实例
- 测评实例
- 海报实例
- 推广实例
- 电视广告实例
- 网络广告实例
- 户外广告实例
- 杂志广告实例
- 广播广告实例
- 社交媒体实例
- 品牌宣传实例
- 品牌故事实例
- 客服回复实例

## 8.1　主图实例：生成雪地靴电商文案

扫一扫，看视频

在电商领域，主图文案能够用于凸显产品的亮点和优势，从而激发消费者的购买欲望。撰写主图文案需要分析产品的特点、受众的需求、市场趋势等多方面的因素，同时还需要一定的网感和文字功底。此时，用户巧用 ChatGPT，便可以借助 AI 的力量快速获得电商主图文案。

**Q** 请结合雪地靴的受众需求和产品亮点，撰写雪地靴的电商主图文案，要求语言精简、亮点突出

**ChatGPT：**

**主图文案：** 为雪域而生，舒适防滑，雪地靴绝对是你冬日的最佳搭档！

**保暖升级：** 高品质绒里设计，轻松御寒，给你贴心呵护，告别冰冷的冬季！

**防滑利器：** 专业防滑底纹，从容应对冰雪路面，无惧湿滑，让你在雪地中自如畅行！

**潮流设计：** 时尚外观，多色可选，融入潮流元素，让你即便在寒冷的冬日，依然保持时尚感！

**防水防雪：** 高品质防水材质，彻底拒绝雪水的侵袭，给你干爽舒适的穿着体验！

**轻盈舒适：** 轻量设计，减轻行走负担，柔软鞋底，脚感如临云霄，让你尽情享受雪地漫步的轻松时光！

穿上我们的雪地靴，迎接冰雪世界，让冬日时尚与舒适并存！快来选购，尽情感受温暖陪伴的每一刻！

用户还可以给 ChatGPT 提供更多产品的信息，补充说明产品的亮点，让 ChatGPT 有更多的依据，从而生成更有吸引力和影响力的主图文案。

## 8.2　详情页实例：生成护手霜电商文案

扫一扫，看视频

详情页文案是电商领域用于描述产品详细特征的文字内容，包括产品的具体功能、设计特点、规格包装、使用说明、注意事项等元素，能够以文字的形式全面地介绍产品。借助 ChatGPT 的力量，用户可以快速获得特定产品的详情页文案内容，从而节省人力成本。

**Q**　请根据以下信息，撰写护手霜的详情页文案

产品信息：亲亲护手霜，玻尿酸＋乳木果油＋油橄榄油，有雪松、蔷薇、檀香和白茶这 4 种香型

产品特点：智能保湿，持续水润；雪绒触感，一抹即化；大师级调香，长久留香

目标受众：6 岁以上的人群

包装内容：精致刺绣布袋，烫金礼盒，5 袋试用装，护手霜挤压器

保证与支持：24 小时发货，试用不满意无门槛退货，代写贺卡

**ChatGPT：**

**亲亲护手霜**

**【产品信息】**

亲亲护手霜，精选玻尿酸、乳木果油和橄榄油，深度滋润，呵护娇嫩双手。融入雪松、蔷薇、檀香和白茶 4 种高贵香型，让你的手指间弥漫出独特迷人的芬芳。

**【产品特点】**

智能保湿，持续水润：亲亲护手霜采用先进的智能保湿技术，让水分深层锁存，持久滋润，让你的双手时刻充满水润感。

雪绒触感，一抹即化：独特的雪绒触感，轻抚间如云雾般融化，丝滑细腻，轻松涂抹，为你的双手带来无比舒适的呵护。

大师级调香，长久留香：由香氛大师调配的四款香型，精妙搭配，持久留香。细腻的香气让你的手指间弥漫着迷人的芬芳，散发出自信与优雅。

**【目标受众】**

亲亲护手霜专为 6 岁以上的人群设计，关心手部健康的你，无论是白领 OL 还是居家主妇，都能在日常生活中轻松使用，给予你的双手专业级的呵护。

**【包装内容】**

每支亲亲护手霜都携带着精致刺绣布袋，独特的烫金礼盒外观，不仅呈现高贵典雅，更显品质感。另附 5 袋试用装，方便随身携带，时刻保持双手的柔软水润。此外，我们还为您准备了护手霜挤压器，使用更为便捷。

**【保证与支持】**

我们承诺 24 小时内发货，确保您能够尽快拥有亲亲护手霜的呵护。若试用不满意，无论任何理由，均提供无门槛退货服务。此外，我们还为您提供代写贺卡的贴心服务，让您能够在送礼时更具心意。

选择亲亲护手霜，为你的双手奉献一份深情呵护，让每一个握手都充满温柔。

## 8.3 测评实例：生成油画棒电商文案

扫一扫，看视频

产品测评文案是宣传产品的有效途径，一般包含专业、客观的产品信息，能够给消费者购买产品提供参考。借助 ChatGPT 的力量，用户可以获得比较全面、中肯的产品测评文案。

**Q** 请根据油画棒测评的维度，结合以下信息对产品进行测评，并生成一篇客观的产品测评文案

产品信息：

Hi 是 XX 品牌推出的一款超软油画棒产品，质感细腻，如奶油般丝滑，色彩覆盖力强，并且原料均通过安全检测，符合国家标准

Hi 超软油画棒分为标准 24 色、马卡龙 36 色、珠光 36 色和莫兰迪 48 色这 4 种，色系多、颜色丰富，可以满足用户各种场景的色彩需求

这款油画棒邀请了处在不同维度、不同气候的 30 名热心用户进行体验，85% 的用户都反映油画棒没有变得太硬或太软，依然保持了超软、顺滑的笔触，而且可以在纸张、玻璃和金属等光滑介质上着色，用手指也可以轻松晕染

### ⑤ ChatGPT：

**产品测评文案：Hi 超软油画棒**

Hi 超软油画棒是 XX 品牌最新推出的一款油画工具，以其细腻的质感、奶油般丝滑的触感和强大的色彩覆盖力引起了广泛关注。产品分为标准 24 色、马卡龙 36 色、珠光 36 色和莫兰迪 48 色 4 种，色彩丰富，满足用户在不同场景的多样化色彩需求。

**维度一：质感和触感**

Hi 超软油画棒的质感细腻，令人感受到油画的纯粹和深邃。与奶油一般的丝滑触感让绘画变得更加轻松自如。通过体验，产品在不同气候下仍能保持超软、顺滑的笔触，85% 的用户反映未出现过硬或过软的情况，表现出令人满意的稳定性。

**维度二：色彩覆盖力**

Hi 超软油画棒的色彩覆盖力强大，能够满足用户对丰富多彩画面的追求。产品分为多个规格，每一规格都提供丰富多样的颜色选择，使用户在创作时拥有更广阔的表达空间。

**维度三：安全性**

Hi 超软油画棒的原料经过严格的安全检测，符合国家标准，为用户提供安心的使用体验。产品注重用户的健康与安全，使得用户在使用过程中不必担忧有害物质的存在。

**维度四：多场景应用**

这款油画棒不仅可以在纸张上表现出色，还可以轻松地在光滑介质如玻璃和金属上着色。此外，用户甚至可以用手指轻松实现晕染效果，为创作提供更加多样化的可能性。这一特性使得 Hi 超软油画棒成为适用于不同创作场景的理想选择。

通过邀请 30 名热心用户进行体验，得到了积极的反馈。这进一步印证了 Hi 超软油画棒在质感、色彩、安全性以及多场景应用等方面的卓越表现。总体而言，这款油画棒以其全面的性能和用户友好的特性，成为油画领域中值得推荐的产品。

用户应尽可能多地提供一些产品信息给 ChatGPT，包括详细的产品成分、专业检测凭证、用户使用情况等信息，让 ChatGPT 生成更加客观的测评文案。

## 8.4 海报实例：生成床垫电商文案

商品海报文案是指放置于海报上的产品宣传文字。它具有语言简练、清晰明了、醒目的特点，能够引导消费者进行购买产品的决策。在 ChatGPT 的帮助下，用户可以获得创作商品海报文案的灵感和参考。

扫一扫，看视频

**Q** **请结合海报文案的特征，从情感共鸣的角度出发，提供 10 条有关床垫的海报文案**

**⑤ ChatGPT：**

当设计床垫海报文案时，情感共鸣是一个关键因素，因为床垫直接关系到人们的舒适和睡眠质量，这是一个涉及日常生活和健康的重要话题。以下是 10 条从情感共鸣角度出发的床垫海报文案。

**1. 舒适如云，拥抱入梦：** 用柔软而支撑的床垫，创造一个宛如云端般的温馨角落，让每一个入眠的瞬间都像是被梦境温柔拥抱。

**2. 梦幻之眠，来自专业的呵护：** 专业设计，细心呵护，让你的梦境在床垫的温馨怀抱中得以绽放，为每一个夜晚赋予梦幻的光彩。

**3. 床上的拥抱，是最真实的温暖：** 选择我们的床垫，就像是在每一个夜晚都获得一次温暖的拥抱，那种真实的温馨感觉让你更期待入梦。

**4. 深夜亲吻，来自枕梦之床：** 在这个枕梦之床上，每一次深夜的亲吻都变得如此自然，床垫的贴心设计让你的梦境更加美好。

**5. 守护每一刻宁静，床垫是静谧的信仰：** 当世界安静下来，床垫成为你唯一需要倚靠的信仰，它守护着每一刻的宁静，为你创造极致的舒适。

**6. 梦幻之地，床垫成就你的美梦：** 在床垫的陪伴下，你将置身于一个梦幻之地，每一晚都成就一场美丽而宁静的梦境。

**7. 亲肤之感，床垫是温柔的告白：** 床垫如同亲肤一般温柔，每一寸的触感都是对你的深情告白，让你在梦乡中感受到真挚的温暖。

**8. 宛如天籁之音，床垫是你的音乐盒：** 在床垫的柔软中，仿佛能听到天籁之音，每一次入眠都是一场音乐盛宴，为你打开甜蜜的梦境之门。

**9. 庇护之所，床垫守护你的每一刻：** 床垫是你庇护之所，它温暖、舒适，守护着你每一个不安的夜晚，让你安心入眠。

**10. 梦幻之路，床垫引领你进入梦境：** 床垫就像是通往梦幻之路的引导者，当你躺下时，它将引领你进入一个美妙的梦境，留下美好的回忆。

# 8.5　推广实例：生成照片打印机电商文案

扫一扫，看视频

产品推广文案通常是指用于概括产品亮点、展示产品优势的文本，旨在通过文字打动消费者，提高产品的被购买力。在 ChatGPT 的帮助下，用户可以迅速获得推广文案，从而增加产品的影响力和销售量。

**Q** 请根据以下产品信息，为照片打印机生成一篇产品推广文案

产品信息：无墨打印，小巧便携，操作简单，照片清晰，颜色真实

**ChatGPT:**

**轻松留住美好瞬间，无墨打印，色彩绚丽，清晰如新！**

无墨打印，小巧便携，操作简单，照片清晰，颜色真实。在这个快节奏的生活中，我们总是在追逐着美好瞬间，而现在，一台令人惊艳的照片打印机，将帮助您捕捉并永久保留这些珍贵的瞬间。

**小巧便携，轻松随行**

独特的小巧设计，轻松滑入您的口袋或包中，让您随时随地都能享受照片打印的乐趣。不再受到尺寸和重量的限制，记录生活中的点滴美好变得更加轻松。

**操作简单，即刻分享快乐**

无须烦琐地设置，简单的几步操作即可完成照片的打印。轻触屏幕，选择您心爱的照片，按下打印键，即刻呈现。简单易懂的用户界面，让您在享受乐趣的同时，也能轻松分享快乐。

**照片清晰，细腻如画**

采用先进的无墨打印技术，让照片展现更丰富的层次和细腻的色彩。每一张照片都清晰无比，仿佛定格了那一刻的美好时光。打印出来的照片细节分明，让您的回忆更加栩栩如生。

**颜色真实，还原真实色彩**

无墨打印技术确保了照片的颜色还原度极高，让您的照片看起来就像是现场一样。无论是晴空下的蓝天白云，还是日落时分的温暖光影，都能真实再现，让您的照片更具生活气息。

这一刻，让我们一同用这款无墨打印机，将美好定格，留住珍贵瞬间。简洁便携，操作轻松，照片清晰，色彩真实，让每一个瞬间都成为生活中不可磨灭的记忆。

## 8.6  电视广告实例：生成不粘锅电商文案

在媒体领域，电视是提供娱乐、传播信息的主要媒介之一，同时也可以起到助力产品推广的作用。在 ChatGPT 的帮助下，用户可以通过输入指令获得满足需求的广告文案。

扫一扫，看视频

**Q** 假设你是一位经验丰富的广告策划专员，请你提供 10 条关于不粘锅的电视广告文案，要带有情境和生活画面，对受众有感染力

**ChatGPT：**

1. 场景：一家热闹的家庭厨房。画面中，妈妈用一只轻松翻炒的锅，锅底毫无残留，孩子们满意地啃着美味的食物。

文案：不粘锅，轻松烹饪，家庭的味道由此而来。

2. 场景：一个阳光明媚的露天早餐。主人公在户外享受着煎鸡蛋和煎饼的美味，锅面光滑如新，炊烟飘荡。

文案：晨光下，不粘锅为早餐增光添彩，让每一天都从美味开始。

3. 场景：一场火爆的烤肉派对。锅上飞溅的火星，却无法在不粘锅上留下痕迹，宴会进行得有声有色。

文案：热辣烤肉，不粘锅护航，让你的烧烤派对更添火花。

4. 场景：一个忙碌的上班族晚餐。主人公回家，使用不粘锅瞬间解放厨艺，让快节奏生活变得更为轻松。

文案：工作再忙，晚餐时刻不减精彩。不粘锅，让回家变成一场美食之旅。

5. 场景：一对情侣在浪漫的厨房约会。两人手挽手翻炒美味，不粘锅成就他们的爱的味道。

文案：烹饪爱情，不粘锅是我们的秘密武器，让浪漫从厨房开始。

6. 场景：一位健身达人的厨房。他烹饪低脂、高营养的健康餐，不粘锅成为他健康生活的得力助手。

文案：身体是革命的本钱，不粘锅助你健康烹饪，享受每一口的美好。

7. 场景：一场亲子烘焙活动。孩子们在厨房中快乐地制作甜点，不粘锅保证甜蜜的烘焙经历。

文案：亲子时光，不粘锅守护孩子的快乐成长，一起来享受烘焙的欢笑。

8. 场景：户外露营的露天大餐。锅底干净如新，不粘锅为露营生活增色不少。

文案：大自然的味道，不粘锅助你在野外享受美食，留下美好的回忆。

9. 场景：一场朋友聚餐。主人公在厨房中灵活操控锅铲，不粘锅使得料理过程变得妙趣横生。

文案：友谊的味道，不粘锅为你的聚会锦上添花，让友谊在美食中升华。

10. 场景：一位年轻主妇的日常生活。在家中轻松处理各种料理，不粘锅成为她生活中不可或缺的得力助手。

文案：生活有序，不粘锅让你的厨房变得井然有序，每一天都是美味的开始。

## 8.7 网络广告实例：生成运动耳机电商文案

扫一扫，看视频

网络广告文案是指以互联网为媒介进行广告信息传播的文字内容。它主要以各种媒体平台为传播媒介，能够起到传播范围广和速度快的作用。用户可以让 ChatGPT 结合平台特性和网络热词来生成广告文案。

**Q** 请根据抖音平台文案的特点，生成 10 条关于运动耳机的网络广告文案，要求语言风趣，多用比喻、拟人等修辞手法，适当使用网络热词

### ⑤ ChatGPT：

**1. 震撼音浪：** 戴上这款运动耳机，就像是在耳边开了个"音浪派对"！让音乐伴你跑步，轻松战胜"运动癌"，秒变运动达人！

**2. 音乐陪练教练：** 这款运动耳机就像是你的私人音乐教练，一秒变身音乐场上的运动王者！让耳朵感受到的不仅是音符，更是体能的飙升！

**3. 耳朵贵宾体验：** 给你的耳朵来一场贵宾待遇！这款运动耳机就像是为耳朵度身定制的音频按摩，让运动不再枯燥，轻松玩转每一刻！

**4. 无线腾飞：** 摆脱束缚，释放自己！这款运动耳机就像是一双无形的翅膀，让你在运动中感受飞翔的自由，翩翩起舞，享受音乐的魅力！

**5. 跑步神器：** 这不仅仅是一副耳机，更是你跑步路上的得力神器！像是一位默默陪伴你的小助手，让你的每一步都充满动感，每一曲都令人陶醉！

**6. 音乐燃料：** 这款运动耳机就像是给你的身体注入了一剂音乐燃料，让你的运动状态直接升级，仿佛变身成了音乐的超级英雄，舞动不止！

**7. 耳畔轻风:** 戴上这款运动耳机,仿佛置身大自然,轻风拂过耳畔,让你感受到运动的畅快淋漓,一切疲劳都在音符中融化!

**8. 动感音乐管家:** 这款运动耳机就像是一位贴心的音乐管家,时刻为你选择最适合的音乐,让你在运动中保持高涨的斗志,愉悦的心情。

**9. 音乐狂欢派对:** 戴上这款运动耳机,仿佛瞬间踏入一场音乐狂欢派对!让运动不再孤单,每一步都伴随着欢笑和音乐的节奏。

**10. 极速连接,音乐即刻:** 这款运动耳机就像是秒速连接的音乐魔杖,一戴上,犹如开启了音乐的时空隧道,让你瞬间进入音乐的仙境,享受无尽的动感时光!

## 8.8 户外广告实例:生成雪地护目镜电商文案

户外广告文案是指用于室外宣传产品、推广品牌或呼吁行动的文字内容,它通常以固定广告牌的形式呈现。用户运用 ChatGPT 可以获得户外广告文案的参考。

扫一扫,看视频

**Q** 请根据户外固定广告牌上的文案特点,提供 10 条关于雪地护目镜产品的文案,要求融入创意

**ChatGPT:**

**1. 独创技术,雪花般的清晰度!** 我们的雪地护目镜,为你的冰雪世界带来无与伦比的透视体验。

**2. 雪山之巅,无畏风雪。** 我们的雪地护目镜,如同一双隐形的翅膀,让你飞翔在白雪覆盖的广袤世界。

**3. 雪域探险,时刻明晰。** 搭载最先进的光学科技,我们的雪地护目镜,让你在极寒之地保持冷静。

**4. 看得见的温度,感受冰雪的魅力。** 我们的雪地护目镜,不仅是视觉的冒险,更是一场身临其境的冰雪之旅。

**5. 白茫茫的雪野,一双炙热的眼睛。** 与我们的雪地护目镜携手,冰雪中的一切都将被赋予生命。

**6. 雪地精灵,眼中无界。穿越雪原,畅享自由奔放。** 我们的雪地护目镜,让你的视线在冰雪中穿梭,尽情释放冒险的本能。

**7. 冰雪王国,无惧强烈的阳光反射。** 我们的雪地护目镜,不仅抵挡刺眼的阳光,更为你带来清晰如春的视野。

**8. 风雪交织,与世隔绝。** 我们的雪地护目镜,仿佛一扇通往神秘雪域的大门,让你尽情感受大自然的鬼斧神工。

**9. 冰雪舞台，你是主角。** 戴上我们的雪地护目镜，雪山、雪地，全部都是你独一无二的舞台。

**10. 雪的奇迹，尽在眼前。** 我们的雪地护目镜，让你成为这个雪域仙境中最璀璨的星光，与冰雪交相辉映。

## 8.9  杂志广告实例：生成春季碎花裙电商文案

杂志广告文案是以杂志为传播媒介而编写的文字内容。杂志广告文案的功能与其他广告文案的功能相差无几，不过由于观看杂志的目标受众通常有较高的文化水平，用户在让 AI 生成杂志广告文案时需要注意结合杂志的受众特征，

扫一扫，看视频  尽量使用比较独特、有审美价值和欣赏价值的语言。

**Q** 请根据穿搭杂志的广告文案特点，提供一篇关于春季碎花裙产品的文案，要求：语言风趣幽默，风格独特

**⑤ ChatGPT：**

**花开盛放，你也要如此！**

春风不疾，花开正艳，正如我们的新款碎花裙，蕴含着春日的生机与活力。摆脱冬日的沉闷，让自己像一朵盛放的花朵一样，散发着绚烂的光彩！

**穿上花样美丽**

这不仅仅是一条裙子，还是一场春日的盛宴！碎花裙设计灵感源自大自然的美好，仿佛漫步在花海中，每一步都是一次绽放。独特地剪裁，让你在春风中轻松自如，宛如花仙子一般自信。

**五彩斑斓，怎么穿都美**

无论是搭配清新的小白鞋还是搭配时髦的短靴，都能轻松打造出属于你的独特风格。不管是踏青、约会还是聚会，这条碎花裙都能助你一臂之力，成为全场焦点！

**轻松穿出时尚感**

说走就走的春日出游，不用再为搭配犯愁！我们的碎花裙不仅注重时尚感，更注重穿着舒适度。面料轻盈透气，让你尽情释放自己的活力，尽情享受春日的美好时光。

**花开不败，时尚永存**

与其跟随潮流，不如创造属于自己的潮流！穿上我们的碎花裙，你将成为时尚的引领者，让花朵在你的身边绽放，散发出春日的清新与活力。不只是穿衣，更是一场对自我的解放！

快来加入我们的花朵军团，一起迎接春日的到来吧！让花朵成为你的盛放密码，让你在春天里，如花一般灿烂！

## 8.10　广播广告实例：生成红颜草莓电商文案

广播广告文案是指通过广播媒体来传播的广告词，属于主播口播的台词内容之一。广播广告文案需要结合广播内容本身的特性来撰写，如主要以情感类话题为内容的广播，其广告文案的用语会更亲切、带给人治愈、温暖的感觉，因此用户在运用 ChatGPT 生成广播广告文案时需要注意这一点。

扫一扫，看视频

**Q** 请根据广播广告文案的特点和写法，为红颜草莓提供 10 段广告文案，广告将在一个好物分享类电台进行播报

**⑤ ChatGPT：**

**1. 清新开篇：** 喜欢清新水果的你，红颜草莓来袭！每一颗都饱满鲜红，甜蜜如初恋，让你的味蕾在这个夏天尽情绽放！

**2. 味蕾盛宴：** 红颜草莓，芳香四溢，口感酥脆多汁。忍不住一颗接一颗，仿佛置身口感的盛宴，绝对是你美味生活的必备之选！

**3. 健康小美食：** 不仅美味，更兼具营养！红颜草莓富含维生素 C 和抗氧化物质，助你轻松打造美丽肌肤，让健康与美味同行！

**4. 分享的温度：** 美好时光最值得分享！和亲朋好友一起分享红颜草莓，感受甜蜜的时刻，让美味成为你们的回忆密码。

**5. 酸甜交织：** 酸甜交织，口感独特。红颜草莓独特的风味，让你在品味中领略不同的味觉冒险，仿佛漫步在果园的芬芳中。

**6. 夏日必备：** 炎炎夏日，红颜草莓为你送来清凉解渴。无论是单食搭配酸奶还是做成冰爽沙拉，都能为你带来别样的夏日清爽。

**7. 源自天然，品质保证：** 红颜草莓，每一颗都是大自然的馈赠，严格挑选，新鲜呈现。品质保证，只为给你带来最纯粹的美味享受。

**8. 网红爆款：** 红颜草莓，成为社交平台上的网红爆款！不仅好吃好看，更是打卡照的不二之选，分享美食，分享快乐！

**9. 限时特惠：** 限时特惠，独家优惠等你来！现在购买红颜草莓，更有精美礼品相赠，让你的味蕾与钱包都充实、满足。

**10. 定制礼盒：** 送礼首选，红颜草莓精致礼盒，外观吸睛，果实鲜美。让你的心意通过红颜草莓传递，成为收礼者心头美味的一抹亮色。

## 8.11　社交媒体实例：生成控油洗发水电商文案

扫一扫，看视频

社交媒体类文案是指在各类社交媒体上发布的关于产品的推广文字内容。这类文案通常运用简洁的文字、有吸引力的语言来吸引受众的关注，促使他们进行购买产品的决策。有些社交媒体类文案中也会加入吸引受众单击的链接或参与互动的元素，最大程度上让受众产生购买兴趣。

社交媒体类文案的应用场景很广，包括微信、QQ、微博、抖音、快手、西瓜视频等自媒体平台。在让 AI 生成社交媒体文案时，用户可以指定具体的平台，便于 AI 根据相应平台的文案特点进行创作。

**Q** 请根据小红书平台的文案特点，提供 5 条推广控油洗发水的社交媒体类文案

🌀 **ChatGPT：**

当在小红书平台上推广控油洗发水时，需要注意该平台用户对于文案的偏好。小红书用户通常喜欢真实、幽默、有趣、贴近生活的内容。以下是 5 条可能适合小红书平台的推广文案。

1. **潮爆卷发 Say Hi，轻松告别油腻！** 这款控油神器简直是我的发廊私房推荐，洗完头不仅柔顺丝滑，还能持久抑制油光，告别油田发型！＃控油洗发水＃＃告别油腻＃＃柔顺发质＃

2. **零油光，百变发型任你玩！** 这瓶控油洗发水简直是我的头皮救星，每次洗完都感觉头发轻盈飘逸，一整天都不油腻！试一次，爱上一辈子！＃零油光＃＃头发护理＃＃蓬松发型＃

3. **今天的发型靠的就是这瓶神仙洗发水！** 告别中午油光满头的尴尬，清新控油，轻松维持好气质！这瓶简直是我生活中的发型灵丹妙药！＃发型达人＃＃控油洗发露＃＃美发小妙招＃

4. **小心被我这款控油洗发水种草！** 不仅洗净油腻，还有淡淡的清香，给你一整天的好心情！早晚洗发，告别头屑油光，打造清爽发质！＃清爽发质＃＃告别油光＃＃洗发小妙招＃

5. **生活不止眼前的油腻，还有更多的洗发选择！** 这款控油洗发水简直是我的发质救星，让我告别了一天中多次遭遇的发油困扰。轻松打理，让你的发型更有型！＃发型护理＃＃控油神器＃＃洗发新体验＃

## 8.12 品牌宣传实例：生成牛仔裤品牌电商文案

品牌宣传文案包含着品牌文化、品牌优势、产品特征等内容，是品牌营销的有利途径，有助于提升品牌的影响力和知名度。一篇出色的品牌宣传文案可以深入人心，吸引目标受众的好感和欢声。借助 ChatGPT 的力量，用户可以快速撰写出优质的品牌宣传文案。

扫一扫，看视频

**Q** Z 是一个致力于为不同身高、体型的用户设计牛仔裤的品牌，请根据品牌定位和目标受众，为该品牌撰写一篇有创意的宣传文案

**ChatGPT：**

**Z 牛仔裤：尽显个性，舒适贴身**

在世界的舞台上，每个人都是独一无二的主角。Z 牛仔裤携手你，为不同身高、体型独特的你设计裤子，让你在自己的舞台上散发自信光芒。

**个性设计，舒适驾驭**

Z 牛仔裤不仅仅是一条裤子，更是关于你独特风格的故事。我们深知每个人都有自己的身形，所以我们不断追求创新，为每一位用户打造合身、舒适的牛仔裤。无论是高挑细长还是娇小玲珑，Z 牛仔裤都将完美贴合你的曲线，释放你的个性。

**多彩选择，打破束缚**

Z 牛仔裤的设计理念就是打破传统，追求多元。我们为你提供丰富多彩的选择，不仅有经典的牛仔蓝，还有时尚的独特色彩，让你在日常穿搭中展现更多的个性。无论是搭配休闲 T 恤还是搭配正式衬衫，Z 牛仔裤都能为你带来独特的时尚风采。

**关注细节，品质至上**

Z 牛仔裤不仅关注外表，更注重品质。我们精心挑选优质面料，注重每一道裤子的制作工艺，力求给你最舒适的穿着体验。细节决定品质，品质成就舒适。

**无界时尚，共创未来**

Z 牛仔裤是属于你的时尚宣言。我们鼓励你突破界限，敢于尝试，成为自己风格的缔造者。无论你走到哪里，Z 牛仔裤都将陪伴你，成为你自信风采的象征。

在 Z，我们不仅仅设计牛仔裤，更是创造独特的时尚体验。让 Z 牛仔裤成为你与众不同的标志，让你在每一刻都散发自己独有的光芒。Z 牛仔裤，舒适定制，时尚主义。

## 8.13　品牌故事实例：生成珍珠品牌电商文案

扫一扫，看视频

品牌故事是一种与受众进行情感连接的品牌营销手段。一个引人入胜的品牌故事能够增加受众的信任，提高受众对品牌的忠实度。编写品牌故事需要结合品牌的特性和受众的需求，并非是一件容易的事，但在 ChatGPT 的帮助下，用户可以快速地梳理出品牌信息，连接受众需求，并用合适的文字进行表达。

**Q** 请根据下面提供的信息编写一个品牌故事，要有完整的故事线和感染力，能够吸引目标受众的兴趣

品牌信息：Y 品牌的业务是小众珍珠饰品设计，意图用珍珠饰品来传达独一无二的理念，鼓励每个人都勇敢地追求个性

**⑤ ChatGPT:**

很久以前，在一个遥远的渔村，有一位名叫玉兰的年轻设计师，她对海的热爱和对珍珠的执着让她决定将这两者融合，创造出了一种独特的小众珍珠饰品。这就是 Y 品牌的由来。

玉兰从小就被大海的浩瀚和神秘所吸引。她喜欢漫步在海滩上，聆听海浪的声音，感受那份纯粹和宁静。在一次偶然的机会，她发现了渔民们意外捕获的一颗珍珠。这颗小小的珍宝点燃了她的灵感，让她决心要创造一些特殊而独一无二的东西，能够传达她对生活独特的见解。

于是，Y 品牌诞生了。每一件 Y 品牌的饰品都是由精挑细选的珍珠制成，不仅是天然之美的体现，更是设计的精湛表达。玉兰将大海的灵感注入每一件珍珠饰品中，创造出独特而富有故事感的设计，每一颗珍珠都仿佛是大海的一滴眼泪，传递着无尽的柔美和坚韧。

Y 品牌的理念不仅仅是设计美丽的饰品，更是鼓励每个人都勇敢地追求个性。在这个快速变化的世界里，人们往往迷失在群体中，失去了自我。而 Y 品牌的小众珍珠饰品则成为了一种独特的象征，提醒每个人都要保持真实的自己，追求内心的独特之美。

每一颗珍珠都是一个故事的开始，每一款饰品都是独一无二的表达。Y 品牌的使命就是在这个纷繁复杂的世界中，让每个人都能找到属于自己的光芒，勇敢地追求梦想，活出真实的自己。

Y 品牌，是大海的诗篇，是独特的自我，是勇敢追求的象征。让我们一起穿越大海的奇迹，戴上 Y 品牌的小众珍珠饰品，感受那份来自内心深处的独特之美。

## 8.14　客服回复实例：解决平底锅不平的问题

在电商平台中，客服发挥着不可替代的作用，能够及时为消费者解答疑惑和处理售后问题。但在实际的工作场景中，由于消费者的个体差异性，客服人员可能会遇到各式各样的问题，难以应对和解决。此时，不妨让 ChatGPT 协助客服服务。ChatGPT 作为文本生成式 AI 模型，能够为客服人员提供更多的回复文案。

扫一扫，看视频

**Q** 请你充当淘宝平台的客服人员，针对我给出的问题进行回复。在回复时，你需要根据我的问题描述情绪和诉求，给出安抚和解决方案，并且语气要亲切，不需要过多的解释

我的问题是：我的平底锅用了几次之后，为什么锅底变得不平了？

**ChatGPT：**

亲爱的顾客您好，非常抱歉听到您的困扰。很抱歉您在使用平底锅时遇到了问题。关于锅底不平的情况，可能是由于使用过程中的热胀冷缩导致的自然变化。

为了解决这个问题，您可以尝试以下方法：

1. 确保在烹饪时使用适中的火候，避免过高的温度。

2. 在使用后，等待锅温度自然降低再进行清洗，避免温差过大。

3. 在清洗时，使用软质洗涤工具，避免使用硬质的金属刷子，以免损伤锅底。

如果以上方法仍然不能解决问题，我们建议您联系我们的售后服务，我们将会尽快为您提供更详细的帮助和解决方案。感谢您的理解和支持，希望您能继续享受购物的愉快体验。

# 第 **09** 章　AI 短视频文案综合实例

短视频文案是指在制作和发布短视频的过程中使用到的文字，包括短视频脚本、简介、标题和字幕等内容。短视频文案在短视频制作的过程中扮演了关键的角色，它能够传递视频的核心信息，影响受众的注意力和互动率。本章将介绍 11 类短视频文案的生成方法。

🔊 **本章重点**

- 主题策划实例
- 视频脚本实例
- 分镜头脚本实例
- 时长设计实例
- 标题实例
- 互动体验类实例
- 情节叙事类实例
- 干货分享类实例
- 影视解说类实例
- 情感共鸣类实例
- 电商类实例

## 9.1　主题策划实例：生成皮肤清洁短视频文案

用户可以在 ChatGPT 中通过输入相关主题、情节、角色、对话等信息来启发 ChatGPT 生成创意丰富的短视频脚本。这样，用户就能够更快地创作出吸引人的短视频内容，提高短视频的质量和受众的参与度。不过，制作短视频是为了吸引受众的注意力，传达信息和情感，因此用户首先要借助 ChatGPT 策划一个好的主题。

扫一扫，看视频

**Q** 关于皮肤清洁，帮我策划 10 个短视频主题

**⑤ ChatGPT：**

当策划关于皮肤清洁的短视频主题时，你可以涵盖从基础清洁到高级护理的各个方面。以下是一些建议的主题。

**1. 日常清洁步骤：**演示正确的日常清洁步骤，包括使用洁面乳、清水冲洗等。

**2. 深层清洁技巧：**介绍深层清洁的方法，如使用清洁刷、洁面仪器等，以提高清洁效果。

**3. 适合不同肤质的洁面产品：**推荐适合干性、油性、敏感性等不同肤质的洁面产品，帮助观众做出明智的选择。

**4. 双重清洁法：**强调双重清洁法的重要性，即先使用卸妆产品，再进行深层清洁。

**5. 清洁面膜与磨砂：**推荐清洁面膜和磨砂产品，突出它们在去除死皮细胞和清理毛孔方面的作用。

**6. 清洁与抗痘：**展示清洁对抗痘的重要性，介绍一些特别适合痘痘肌肤的清洁产品。

**7. 清洁与防晒：**讲解清洁与防晒的关系，强调日常清洁对于维护皮肤健康的重要性。

**8. 自制天然清洁面膜：**分享制作天然清洁面膜的简单方法，鼓励观众在家中尝试。

**9. 夜间清洁流程：**介绍适合夜间的清洁流程，讲解为什么夜间清洁对皮肤修复和更新至关重要。

**10. 清洁产品的保质期和储存：**提醒观众定期更换清洁产品，同时储存和使用产品的正确方法。

通过这些主题，你可以为观众提供全面的关于皮肤清洁的信息，让他们更好地了解如何维护健康的肌肤。

## 9.2 视频脚本实例：生成夜间清洁短视频文案

扫一扫，看视频

有了短视频主题后，用户即可让 ChatGPT 根据这个主题去生成详细的脚本内容，具体方法如下。

**Q** 你是抖音上拥有百万粉丝的护肤博主，请根据睡前护肤小贴士：夜间清洁如何帮助肌肤修复这个标题，撰写一个短视频脚本，要求：用分享人的口吻，内容符合平台规则，不要用极限词

### ChatGPT：

嗨，大家好！欢迎回到我的抖音频道，我是你们的护肤小天使，XXX（你的名字）！今天的话题是关于睡前护肤的小贴士，我们来聊一聊夜间清洁如何帮助肌肤修复。

首先，大家知道吗？晚上是肌肤进行修复的黄金时段哦！在一天的繁忙中，我们的肌肤承受了各种污染和压力，所以一个好的夜间护肤步骤可是非常重要的。

第一步，卸妆！无论你是化了浓妆还是淡妆，都要确保卸妆干净。使用温和的卸妆产品，轻轻按摩，帮助肌肤摆脱一天的沉积。

接下来，就是洁面环节啦！选用适合你肤质的洁面产品，用温水洗净面部，彻底清除残留物质，为肌肤打开呼吸通道。

第三步，保湿是关键！选择一款适合夜间的保湿产品，给肌肤补充水分和养分，帮助它在夜晚更好地修复。

最后，不要忘记眼部护理哦！选择一款滋润的眼霜，轻轻按摩眼周，帮助减轻疲劳，预防细纹的产生。

总的来说，一个完整的夜间护肤流程有助于清理肌肤，促进细胞更新，让我们的肌肤在夜晚得到修复和滋养。记得早睡早起，给肌肤一个良好的休息时间。如果你喜欢这个视频，别忘了点赞、评论和分享哦！感谢大家的支持，我们下次再见！

## 9.3 分镜头脚本实例：生成玩偶店探店短视频文案

扫一扫，看视频

分镜头脚本文案是用来描述短视频中每一个镜头的内容和细节的文稿，一般包含标题、场景描述、景别、运镜、台词或对白、道具、节奏和节拍等要素，并且通常以表格的形式呈现。用户在让 ChatGPT 生成分镜头脚本文案时，可以提供格式要求和具体要素，从而获得更完整的文案。

**Q** 假设你是一位资深的短视频编导，请以玩偶店探店为主题，提供一个短视频脚本，要求：以表格的形式呈现，包含分镜序号、景别（中近远特写等镜头）、画面描述、对话台词、时长等

ChatGPT:

以下是一个关于玩偶店探店的短视频脚本，按照你要求以表格形式呈现：

| 分镜序号 | 景别 | 画面描述 | 对话台词 | 时长 |
|---|---|---|---|---|
| 1 | 近景 | 一对玩偶手牵手，摆放在玩偶店橱窗前 | 无 | 5 秒 |
| 2 | 近景 | 主持人手持麦克风走进玩偶店门口 | 主持人：大家好，我是 XX 短视频频道的小明 | 7 秒 |
| 3 | 近景 | 主持人挥手示意店员不用理会 | 无 | 3 秒 |
| 4 | 近景 | 主持人走进店内，欢迎的铃声响起 | 店员：欢迎光临！ | 4 秒 |
| 5 | 中景 | 主持人环顾四周，拍摄店内的布置 | 主持人：今天我们来到了这家美丽的玩偶店 | 6 秒 |
| 6 | 特写 | 摄像机对焦一款精致的娃娃脸部 | 主持人：看这个娃娃，简直是太可爱了！ | 5 秒 |
| 7 | 特写 | 主持人手持娃娃，展示细节 | 主持人：观众们，你们能看到这个精致的手工吗？ | 5 秒 |
| 8 | 中景 | 主持人走向货架，展示各种风格的玩偶 | 主持人：这里有各种风格的玩偶，适合不同年龄段的朋友们 | 8 秒 |
| 9 | 中景 | 主持人停留在毛绒玩具区域 | 主持人：这里是毛绒玩具的天堂，看这些软软的小动物，简直让人无法抗拒 | 7 秒 |
| 10 | 特写 | 主持人手持一个精美的玩偶 | 主持人：这是我个人最喜欢的一款，颜值高，手感好 | 6 秒 |
| 11 | 中景 | 主持人与店员交流 | 店员：这款玩偶是我们店的明星产品，深受顾客喜爱 | 5 秒 |
| 12 | 中景 | 主持人结账，拿着购物袋向镜头挥手道别 | 主持人：今天的玩偶店探店就到这里，记得关注我们的频道哦 | 6 秒 |
| 13 | 远景 | 主持人走出店铺，店员挥手送别 | 无 | 5 秒 |

这是一个简单的玩偶店探店短视频脚本，你可以根据实际情况进行调整和修改。

## 9.4　时长设计实例：生成减肥主食推荐短视频文案

扫一扫，看视频

　　在快节奏时代的当下，短视频作为人们喜闻乐见的娱乐方式之一，它的时间把控相当重要。好的视频不仅仅是画面内容为人所赞赏，时间与画面恰到好处的结合也能够让人眼前一亮。在 ChatGPT 的帮助下，用户可以获得准确、高效的时长设计方案。

**Q** 请根据以下信息提供一份有效、详细的视频时长设计方案

视频主题：减肥主食推荐

视频时长：40 秒

视频重点：介绍 4 种适合减肥时吃的主食，并说明其优缺点

### ⑤ ChatGPT：

**视频时长：40 秒**

**1. 引言（0~5 秒）：**

- 介绍视频主题，减肥主食推荐

- 引起观众兴趣，让他们知道视频将为他们提供有关减肥主食的宝贵信息。

**2. 第一种主食（5~15 秒）：**

- 介绍第一种适合减肥时吃的主食，如燕麦。

- 简要说明其优点，如富含纤维，能够提供长时间的饱腹感。

- 提及缺点，如燕麦含有一定的热量，需要适量食用。

**3. 第二种主食（15~25 秒）：**

- 引入第二种主食，比如红薯。

- 阐述红薯的优势，如富含维生素和矿物质，同时热量较低。

- 提及缺点，如需要注意烹饪方式，避免添加高热量的配料。

**4. 第三种主食（25~35 秒）：**

- 推介第三种主食，如糙米。

- 强调其高纤维和慢释放碳水化合物的特点，有助于保持稳定的血糖水平。

- 指出可能的缺点，如需要较长的烹饪时间。

**5. 第四种主食（35~40 秒）：**

- 最后介绍第四种主食，如荞麦。

- 强调荞麦的低热量和富含优质蛋白质的特性。

- 提醒观众要适量食用，因为荞麦中含有一些天然的抗营养物质。

### 6. 结语（40秒）：

- 总结介绍的 4 种减肥主食，强调适量搭配的重要性。

- 鼓励观众在减肥过程中根据个体需求选择适合自己的主食。

- 提醒观众在饮食变化前最好咨询专业医生或营养师的建议。

## 9.5　标题实例：生成春节水果推荐短视频文案

　　题好一半文是指好的标题对于文章的重要性，这个理念同样也适用于短视频。在短视频的制作中，标题也是不可忽视的元素，好的标题可以为短视频吸引到更多的受众。在 ChatGPT 的帮助下，短视频标题文案可以自动化生成，从而节省用户的时间。

扫一扫，看视频

**Q** 假设你是一名拥有百万粉丝的短视频博主，请你结合抖音平台上爆款短视频标题文案的特点和受众的兴趣，提供 10 个主题为春节水果推荐的短视频标题文案，并添加 tag 标签

**ChatGPT：**

1. 新年甜蜜滋味！春节必备水果 TOP5，你尝试过几种？＃春节水果推荐＃甜蜜水果盛宴

2. 打破传统！春节必备水果大揭秘，超级好吃的水果，你 get 到了吗？＃水果新年美味＃春节好滋味

3. 新年一定要来点水果派对！春节水果推荐，这几款酷炫水果，你都尝过吗？＃水果派对＃春节好滋味

4. 开启水果狂欢！春节必备水果推荐，让你的年味更甜蜜！＃年味水果大 PK＃春节水果推荐

5. 新年水果大赏！春节推荐的 5 款超美味水果，你 pick 哪一个？＃新年水果大赏＃春节美味水果

6. 味蕾即将爆炸！春节水果推荐，这几款水果不尝试一下，你都 out 啦！＃春节水果狂欢＃美味水果探店

7. 春节水果清单揭秘！打破传统，今年吃点不一样的水果吧！＃春节水果清单＃不一样的年味

8. 尝鲜必备！春节推荐水果 TOP3，今年新年味更上一层楼！＃春节尝鲜水果＃新年味道不一样

9. 水果大作战！春节水果推荐，一口咬下去，那叫一个过瘾！＃水果大作战＃春节水果攻略

10. 春节水果新潮榜！这几款水果吃起来超有趣，赶紧 GET 起来！＃春节水果新潮榜 ＃趣味水果品鉴

用户也可以先提供给 ChatGPT 一些爆款短视频标题文案的实例，然后让 ChatGPT 分析这些标题的特点，再提出实际的需求，让 ChatGPT 结合标题特点来生成短视频标题文案。

## 9.6 互动体验类实例：生成写真店铺短视频文案

扫一扫，看视频

互动体验类短视频文案是指在视频中用于描述、引导和激发受众参与互动的文字内容。其最主要的目的是吸引受众的注意力，并引导受众积极参与视频中的活动。运用 ChatGPT 生成互动体验类短视频文案，需要用户输入具体的需求和恰当的指令进行引导。

**Q** 用互动体验类视频文案的写法，为主题是宣传新开业的古风写真店铺提供一篇完整的短视频文案，字数在 300 ～ 500 字

> ⑤ ChatGPT：
>
> **《时光印象·古韵初开》**
>
> 沉淀千年的古韵，一门风雅的写真店悄然开业啦！在这个充满仙气和韵味的角落，时光仿佛静止，带您穿越千年，留下一段美好的古风印象。
>
> 走进我们的店铺，仿佛踏入了一个古老的仙境。细腻的古典风格、精致的摄影技术，将每一刻定格成一幅传世之作。您将化身古代贵族、仙侠英雄，与我们一同编织一段别样的古风写真。
>
> **【古韵时尚】**
>
> 穿越时空，我们提供多款古装道具，从华丽的龙袍到淡雅的汉服，每一套都是为您打造独特的仙韵形象。身披锦绣、婀娜多姿，让您在每一张照片中都闪耀着时光的优雅。
>
> **【影像传世】**
>
> 由专业摄影师倾情打造，每一张照片都是独一无二的艺术品。在古老的背景中，我们捕捉到您眼中的星辰，记录下微笑中的风华，为您定格一刹那的美好。
>
> **【互动留念】**
>
> 我们不仅提供拍摄服务，更有丰富的互动体验。与古风模特亲密互动，感受时光的温柔；古乐演奏、传统茶艺表演，让您在古韵的音乐和香气中沉浸，尽情留下美好时光的足迹。
>
> **【新店开业福利】**
>
> 前 50 位顾客将获得限量古风摄影套餐，更有精美小礼物相伴。您的每一次光临都是对我们的鼎力支持，为了感谢您的信任，我们准备了一份小小的惊喜。

让我们一同开启一段穿越之旅，与时光为伴，留下美好的印象。敬请光临，让我们一同奏响《时光印象·古韵初开》的古风华章！

用户在获得 ChatGPT 给出的文案之后，可以对文案的语言风格、内容结构等进行优化调整，还可以引导 ChatGPT 生成与视频主题相契合的脚本文案，只需输入相应的指令。

## 9.7 情节叙事类实例：生成爱情故事短视频文案

情节叙事类短视频文案是指以讲故事的形式来描述视频内容的文字。这类文案通常借助镜头语言呈现出现实生活或反衬现实生活，以讲故事的方式引人入胜。

扫一扫，看视频

情节叙事类短视频文案的题材内容包括但不限于亲情、爱情、友情等关乎人类情感的故事。现今，在各大短视频平台中，最为热门的情节叙事类短视频文案是用户虚构一个爱情故事，将其作为短视频脚本，用镜头的方式呈现出来。用户在运用 ChatGPT 生成情节叙事类短视频文案时，也可以先让 ChatGPT 虚构一个故事，再让 ChatGPT 将故事改成短视频脚本。

步骤 01 在 ChatGPT 的输入框中输入指令，按 Enter 键发送，让 ChatGPT 虚构一个爱情故事，相关指令和回复内容如下。

> **Q** 提供一个关于男女主在植物园约会的故事，包括人物对话和心里独白，要有创意

**ChatGPT：**

在一个春日的午后，阳光透过树叶洒在植物园的小径上，勾勒出斑斓的光影。男主角艾伦邀请女主角艾莉莎一同探索这个神秘而美丽的植物王国。

艾伦：（微笑着）艾莉莎，你对植物感兴趣吗？

艾莉莎：（笑容灿烂）是的，我一直对它们的生命力和多样性很好奇。这个植物园听说很棒。

两人一边走一边聊，身后是五光十色的花海，前面是一片幽静的竹林。

艾伦：（指着一株巨大的食人花）看这个，这可是植物界的杰作，食人花！

艾莉莎：（惊讶）哇，真的吗？它看起来好凶猛啊！

艾伦：（笑）别担心，我们离它够远的。不过，我听说这里还有一种神奇的花，据说能在夜晚发光。

艾莉莎：（好奇）发光的花？那一定很美。我们能找到吗？

艾伦：（神秘地笑）我们可以试试。我听说它隐藏在竹林深处，只有在特定的时刻才会绽放。

两人穿过竹林，仿佛进入了一个神秘的仙境。远处传来清脆的流水声，四周弥漫着清新的植物香气。

艾莉莎：（心里独白）这里真是太美了，艾伦选的地方真是太棒了。他总是能给我惊喜。

终于，在竹林深处，两人发现了一片微弱的发光花海。小小的花朵散发着淡淡的光辉，仿佛星星点点在夜空中闪烁。

艾伦：（惊叹）看，这就是传说中的发光花。

艾莉莎：（感动）太美了！我从来没见过这么神奇的植物。

艾伦：（眨眨眼）这可不是最神奇的地方。

艾莉莎：（疑惑）还有更神奇的？

艾伦：（微笑）是的，因为我发现，这个地方不仅有美丽的植物，还有比植物更迷人的存在。

艾莉莎：（羞涩）什么存在？

艾伦：（俯身轻声说）你，艾莉莎。你比任何植物都迷人，而今天，这个植物园就是我们美好回忆的开始。

艾莉莎：（微笑）傻瓜，你真是个浪漫的家伙。

两人在发光的花海中缓缓靠近，彼此的笑容在微弱的光芒映衬下更显温馨与幸福。这个特别的约会成为了两颗心间不可磨灭的记忆。

**步骤 02** 在 ChatGPT 的输入框中继续输入指令，按 Enter 键发送，让 ChatGPT 根据虚构的故事生成分镜头脚本，相关指令和回复内容如下。

**Q** 将上述故事用镜头脚本的方式呈现出来。镜头脚本要以表格的方式呈现以下内容：分镜序号、景别（中景、近景、远景特写等镜头）、画面描述、对话台词（包括人物对话时的动作、语言、神态等，越详细越好）、背景音乐（给出具体的歌曲名称）

**ChatGPT：**

| 分镜序号 | 景别 | 画面描述 | 对话台词 | 背景音乐 |
|---|---|---|---|---|
| 1 | 远景 | 春日阳光透过树叶洒在植物园小径，光影斑斓 | 无 | 轻快的古典音乐 |
| 2 | 中景 | 男主艾伦邀请女主艾莉莎一同进入植物园 | 艾伦：你对植物感兴趣吗？ | 背景音乐持续 |
| 3 | 近景 | 两人走在花海中，聊天 | 艾莉莎：是的，我对它们的生命力和多样性很好奇 | 背景音乐持续 |
| 4 | 远景 | 两人发现一株巨大的食人花 | 艾伦：看这个，这可是植物界的杰作，食人花 | 紧张悬疑音乐 |
| 5 | 中景 | 两人惊讶地观察食人花 | 艾莉莎：哇，真的吗？它看起来好凶猛啊 | 背景音乐持续 |
| 6 | 近景 | 两人笑着继续前行 | 艾伦：别担心，我们离它够远的 | 背景音乐持续 |

| 分镜序号 | 景别 | 画面描述 | 对话台词 | 背景音乐 |
|---|---|---|---|---|
| 7 | 远景 | 两人穿过竹林，进入神秘的仙境 | 艾伦：不过，我听说这里还有一种神奇的花，据说能在夜晚发光 | 背景音乐转为梦幻、温馨的音乐 |
| 8 | 近景 | 两人在竹林中探寻 | 艾莉莎：发光的花？那一定很美。我们能找到吗 | 背景音乐持续 |
| 9 | 中景 | 两人发现微弱发光的花海 | 艾伦：我们可以试试。我听说它隐藏在竹林深处，只有在特定的时刻才会绽放 | 背景音乐转为神秘的音乐 |
| 10 | 近景 | 花朵散发淡淡光辉 | 艾莉莎：太美了！我从来没见过这么神奇的植物 | 背景音乐持续 |
| 11 | 中景 | 两人感叹发光花海的美丽 | 艾伦：这就是传说中的发光花 | 背景音乐转为宁静、悠扬的音乐 |
| 12 | 近景 | 两人靠近发光的花海 | 艾莉莎：还有更神奇的？ | 背景音乐持续 |
| 13 | 中景 | 男主神秘微笑 | 艾伦：是的，因为我发现，这个地方不仅有美丽的植物，还有比植物更迷人的存在 | 背景音乐转为浪漫的音乐 |
| 14 | 近景 | 女主好奇地看着男主 | 艾莉莎：什么存在？ | 背景音乐持续 |
| 15 | 中景 | 男主俯身轻声说 | 艾伦：你，艾莉莎。你比任何植物都迷人，而今天，这个植物园就是我们美好回忆的开始 | 背景音乐转为浪漫的音乐 |
| 16 | 近景 | 两人在花海中缓缓靠近 | 艾莉莎：傻瓜，你真是个浪漫的家伙 | 背景音乐转为甜蜜的音乐 |
| 17 | 特写 | 两人笑容带着幸福，画面温馨 | 无 | 背景音乐持续 |

从上述案例可以看出，ChatGPT 对于背景音乐和对话台词的把控不够准确，因此其脚本只作为参考。

## 9.8 干货分享类实例：生成自制卤牛肉短视频文案

干货分享类短视频文案是指在视频内进行知识分享、实用性技能传授的文字描述，能够帮助受众丰富自己的知识、提高能力或解决问题。这类文案的呈现方式可以是图文短视频，也可以是口播短视频。

扫一扫，看视频

**Q** 你是一名专业厨师，现在需要你分享家庭自制卤牛肉的方法，且以口播短视频脚本文案的方式来分享

**⑤ ChatGPT：**

**标题：【家庭美食分享】自制卤牛肉，鲜嫩多汁，美味无比！**

脚本文案：

大家好，我是厨师 [ 你的名字 ]，今天很高兴和大家分享一道美味的家常菜——自制卤牛肉。这是一道口感鲜嫩、味道浓郁的经典菜品，简单易做，让你在家也能享受到餐馆级别的美味。

首先，我们需要准备一些新鲜的牛腩。牛腩的纹理分明，炖出的卤牛肉才会更加入味。将牛腩切块，大小适中。

接下来，我们来制作卤汁。在一个大锅中，加入生姜片、大葱段、八角、桂皮、花椒等香料，然后加入适量的生抽、老抽、料酒、冰糖，搅拌均匀。这个卤汁的秘诀在于搭配得恰到好处，让牛肉入味，香气四溢。

将切好的牛腩放入卤汁中，确保每块牛肉都被充分裹上香气十足的卤汁。然后，加入足够的清水，让牛肉浸泡在卤汁中。

开火炖煮，煮开后撇去浮沫，再转小火慢慢炖煮，让牛肉慢慢吸收卤汁的精华。这个过程需要耐心，约需两个小时，直到牛肉变得鲜嫩多汁。

最后，可以根据个人口味加入一些配菜，比如土豆、胡萝卜，增添口感的同时也让整道菜更加丰富。

卤牛肉炖好后，香气扑鼻，肉质鲜美，入口即化。这道菜适合搭配米饭或面条，也可以单独食用，都是一种美味的享受。

快来试试吧！自制卤牛肉，让你的家常餐桌也能散发出餐馆般的诱人香气。希望大家喜欢这道美味的卤牛肉，记得点赞和关注哦！

## 9.9 影视解说类实例：生成《罗马假日》短视频文案

扫一扫，看视频

影视解说类短视频文案是指对简要介绍电影、电视剧情节的视频内容时进行描述的文字。这类文案一般用语幽默、简洁、具有概括性，能够高度概括剧集内容，并以最短时间和最快速度传达给受众。

**Q** 请提供一篇影视解说类短视频文案，主题为对《罗马假日》进行解说，要求：语言优美，设置悬念

**⑤ ChatGPT：**

在这个喧嚣的时代，总有一部电影能够穿越时空，带领我们远离纷扰，沉浸在浪漫的梦境中。今天，我将带你漫游 1953 年的经典之作——《罗马假日》。

画面刚一展开,我们便被投射到了意大利的街头巷尾,仿佛置身于时光隧道。女主角安妮公主与记者乔的相遇,注定让整个城市为之沸腾。这不仅仅是一场假日,更是两颗心灵的奇妙邂逅。

然而,别被这轻松、愉快的氛围所迷惑,因为故事的深处隐藏着更多的秘密。随着电影的进行,一个悬念逐渐升腾而起——乔的真实身份将如何改变这段风花雪月的罗曼史?

罗马的街头巷尾,宛如一幅绚丽的画卷,诉说着一个普通女子与世界的不可思议邂逅。影片的导演威廉·惠勒以其独特的镜头语言,将古老的城市打造成一个无限可能的舞台,让观众在浪漫与现实的交汇中陷入深思。

而这段电影里的音符,也是感动之源。亨利·曼西尼的音乐仿佛是时光的轻吟,一切在他的指挥下显得如此悠扬动人。音符的跃动,既是爱情的交响曲,也是命运的交汇点,让我们沉浸其中,难以自拔。

正当观众以为故事已经尘埃落定之际,一个出乎意料的转折使得整个情节更加扑朔迷离。在这个关键时刻,观众被引领到了一个更加令人心驰神往的深渊。是友谊?是爱情?亦或是一场只属于假日的幻梦?

《罗马假日》不仅仅是一部爱情电影,更是对生命中短暂而美好瞬间的颂歌。在这个夜幕降临的时刻,你会被引导至一个真实与梦幻的边缘,等待着最终的解答。随着故事的展开,我们一同踏上了这场迷人的罗马之旅,解锁属于安妮公主与乔的奇幻假日。

## 9.10 情感共鸣类实例:生成高考加油短视频文案

情感共鸣类短视频文案是指在描述情感类视频内容时能够引起受众共鸣的文字。通常情况下,情感共鸣类短视频会以图文的形式来呈现,因此其文案的重点在于标题文案。打造有吸引力、能引起人共鸣的标题文案是情感共鸣类短视频文案的关键。

扫一扫,看视频

**Q** 情感共鸣类短视频文案是指描述情感类视频内容,且能够引起受众共鸣的文字。请根据这类文案的特点,提供10段主题为高考加油的励志类文案,风格要积极向上、振奋人心

**ChatGPT:**

1. 坚持就是胜利。高考路上每一份付出都将化为成功的动力,愿你在努力的足迹中找到前行的勇气。高考加油!

2. 如同阳光穿透云层,你的努力定能冲破所有困难。高考,是你展翅飞翔的舞台,为梦想而战吧!

179

3. 岁月的厚重，不及你为梦想付出的坚持。高考，是一次跃升的舞台，相信自己，迎接属于你的辉煌时刻！

4. 青春的力量，如澎湃的江河，汇聚成奋斗的洪流。高考加油，愿你的梦想在奋斗中绽放耀眼的光芒！

5. 困难不是挡路的石头，而是磨练坚韧的砥砺之砂。高考加油，愿你的每一份坚持都成就明日的辉煌！

6. 梦想是一颗永不停歇的心脏，高考是你展现坚持的舞台。用智慧和勇气，创造属于自己的精彩篇章！

7. 努力是最美的风景，奋斗是最动人的旋律。高考路上，每一次拼搏都离梦想更近一步。加油，勇往直前！

8. 人生如诗，高考是你书写奋斗篇章的一页。坚持不懈，追逐梦想的脚步永不停歇。愿你绽放青春的光芒！

9. 高考是一场决战，而你是那位英勇的战士。梦想是旗帜，坚持是力量，愿你征战高考的每一天都充满勇气！

10. 在人生的大舞台上，高考是你独挑大梁的时刻。相信自己，坚持梦想，你将成为自己奋斗的传奇！

## 9.11　电商类实例：生成蛋挞团购短视频文案

扫一扫，看视频

电商类短视频文案是指在电商平台上发布的针对商品推广或品牌宣传的短视频中的文字内容。其目的是通过简洁明了的语言表达，引导受众完成购买行为。

**Q** 为一个烘焙馆的蛋挞团购短视频创作标题文案和内容文案，字数在 500 字以内

**ChatGPT：**

**标题:《金黄蛋挞，味蕾的狂欢盛宴！烘焙馆独家团购，只为美好的分享时光》**

内容文案：

大家好，欢迎来到我们的烘焙馆！今天，我们为您带来一场味蕾的狂欢盛宴——金黄蛋挞！这款经典的小点心一直是我们店的招牌之一。经过精心调配的酥皮和新鲜鸡蛋的完美结合，让每一口都充满了浓郁的香气和令人陶醉的口感。

我们深知美食最能串联人心，因此特别推出了蛋挞狂欢团购活动，让您在这个季节里尽情享受美味。它不仅可以满足您的味蕾，还可以让您与亲朋好友一同分享美好时光。这可是一个别样的团购，只为让您品味到更多的幸福！

### 为何选择我们的蛋挞？

首先，我们精选上等新鲜鸡蛋，确保每一颗蛋挞都是用优质的原材料打造而成。其次，我们的酥皮经过多次的研发和调试，保证了外酥内软的绝佳口感。烘烤的恰到好处，金黄酥脆的外表下，隐藏着丰富的蛋香和浓郁的奶香，每一口都是味蕾的享受。

### 团购独家福利，不容错过！

通过我们的独家团购，您将享受到更多的福利。优惠价格、限量包装、免费赠品，这些只为让您的购物体验更加完美。无论是办公室小聚还是家庭派对，我们的金黄蛋挞都能成为您餐桌上的焦点，成为美好时光的共鸣。

### 怎么参与团购？

参与团购非常简单，只需在我们的官方网站或线下门店预订，即可享受到独家福利。团购期间还有机会获得我们定制的精美礼品，让您的购物体验更加惊喜。

### 总结：

让金黄蛋挞成为您冬日温暖的陪伴，与亲朋好友一同分享美好时光。选择我们的烘焙馆，不仅是品味，更是一场关于美味与分享的狂欢。赶快参与我们的蛋挞团购，一起开启味蕾的盛宴吧！

# 第10章 AI 新媒体文案综合实例

新媒体文案是指在新媒体平台上，如社交媒体、微博、微信公众号等，用文字表达和传达信息的一种创作形式。在撰写这类文案时，用户通常需要从目标受众、平台特性和传播效果这 3 个方面进行考虑，从而最大程度地发挥文案的营销、推广和传播作用。本章将介绍 12 类新媒体文案的生成方法。

◀)) **本章重点**

- 头条号实例
- 大鱼号实例
- 微博实例
- 小红书实例
- 公众号实例
- 知乎实例
- 豆瓣实例
- 播客实例
- 行业软文实例
- 爆款标题实例
- 直播脚本实例
- 直播封面实例

# 10.1　头条号实例：生成构图技巧新媒体文案

今日头条是一个提供新闻资讯和社交的新媒体平台，而头条号文案就是发布于今日头条平台上的文字内容。头条号文案的内容主要以新闻资讯为主，但用户也可以发布其他符合《今日头条社区规范》，并且有信息量、主题鲜明、逻辑严谨或图文并茂的内容。用户在让 ChatGPT 生成头条号文案时，要明确文案的主题，并在指令中提供相关信息，方便 ChatGPT 围绕其主题进行创作。

扫一扫，看视频

> **Q** 请以今日头条平台的文案风格写一篇 400 字左右的文章，主题为"手机摄影构图技巧分享"，内容包括吸引人的标题、开头、构图技巧、结尾与受众互动

**⑤ ChatGPT：**

**标题：《揭秘手机摄影构图术，让你的照片秒变大片！》**

**开头：**

大家好，今天小编要分享的是一门手机摄影的"秘技"，那就是——构图！别再让手机照片沦为普通的随手拍，让我们一起学习如何用构图技巧提升照片质感，让每一张都像是经过精心设计的艺术品一样独具魅力！

**构图技巧：**

1. 引导线。利用场景中的线条，比如建筑物、道路或自然界的线条，来引导视线，让照片更有深度。

2. 黄金分割。将画面分割成黄金比例，让主体出现在黄金点上，使照片更具美感和平衡感。

3. 对比与色彩。利用明暗对比和色彩对比，突出照片中的主题，让画面更生动有趣。

4. 前景与背景。利用前景元素增加画面层次感，同时要注意前景和背景的协调，避免干扰主体。

5. 对焦与曝光。选定主体对焦，确保曝光合适，让照片更清晰、亮丽。

**结尾：**

通过学习这些手机摄影构图技巧，你将能够轻松拍出令人惊艳的照片。记得多多实践，发现属于自己的拍摄风格。用手机记录下生活中的美好瞬间，分享给身边的朋友，让大家一起感受手机摄影的乐趣吧！

**受众互动：**

现在轮到你们了！在评论区分享你们拍摄中用到的构图技巧，或者提出自己的问题，小编会在下一篇文章中精选回答哦。让我们一起努力，成为手机摄影的高手！

喜欢这篇文章的话，记得点赞、评论、分享哦！更多有趣、实用的手机摄影技巧，尽在今日头条平台，敬请关注我们的更新！

## 10.2  大鱼号实例：生成烹饪技巧新媒体文案

扫一扫，看视频

　　大鱼号是阿里大文娱旗下的内容创作平台，为用户提供内容创作、创作收益与原创保护等服务。大鱼号文案是指发布于大鱼号平台的文字内容。如果用户想获得内容更丰富、实用性更强的文案，那么在编写指令时就要将文案的大概内容和写作形式进行说明，还可以通过举例让 ChatGPT 了解需要的内容风格。

**Q** 请以大鱼号平台的文案风格写一篇 400 字的文章，主题为"实用的烹饪技巧分享"，内容包括：有吸引力的开头；实用的技巧分享，如青菜焯水时可以加一些油和盐，让青菜的颜色保持原样；结尾添加互动。要求：标题需要符合网络传播特性，主体内容用"一、二、三"的符号进行要点罗列，语言风格要更亲切、日常一些

### ⑤ ChatGPT：

**标题：轻松厨艺 | 小妙招，烹饪更得心应手！**

嗨，亲爱的大鱼号读者们！在这个美食的时代，你是否也渴望能在家中烹饪出美味又有创意的菜肴呢？别担心，今天小编就来分享一些实用的烹饪技巧，让你的厨艺更上一层楼，让你走进厨房就像是进入了美食的仙境！

**一、焯水有妙招**

想要做出色香味俱佳的菜肴，焯水是个关键步骤。而在焯水青菜时，小妙招可不少！首先，不妨在开水中滴入几滴食用油，这样可以让青菜更加鲜嫩、有嚼劲；同时，适量的盐也是必不可少的，不仅能保持青菜的颜色，还能增添一分咸鲜，让你的家常小炒更具味道。

**二、巧用葱、姜、蒜，提升料理层次**

在烹调过程中，葱、姜、蒜可谓是厨房的"三剑客"。它们的巧妙搭配可以为菜肴提升层次感。例如，炒菜时可以在热油中放入葱、姜、蒜爆炒，使香味充分释放；而在煲汤时，适量的姜片能够去腥提鲜，让汤更加美味可口。

**三、米饭变"香"术**

米饭是我们日常生活中不可或缺的主食，那么怎样让米饭更加香糯呢？在蒸米饭之前，可以在水中加入几片香叶，或者在米中放入几片柠檬皮，这样可以使米饭散发出一种淡淡的清香，让你的一餐变得更加美味。

通过这些小技巧，相信你在烹饪的过程中会更得心应手，让家中的每一餐都成为一场美味的盛宴。快行动起来，用这些小妙招让你的厨艺更上一层楼吧！

**结尾互动**

你有什么独门的烹饪技巧呢？快留言分享给大家吧！让我们一起在美食的世界里交流心得，打造属于自己的独特口味！

## 10.3　微博实例：生成眼影盘推广新媒体文案

微博是一个用户实时分享信息、传播话题、讨论与交流的社交媒体，能够满足用户关注实时资讯、即时分享、交友互动的需求。微博文案是指发布于微博平台的文字内容。需要注意的是，如果微博文案的字数比较多，那么部分文案会被折叠，从而不能直接被受众阅读，影响文案的传播效果。因此，用户在让 ChatGPT 生成微博文案时，最好对字数进行限制，尽量用比较简短的话语传达主题。

扫一扫，看视频

---

**Q** 提供 10 条主题为眼影盘推广的可爱风微博文案，每条文案不超过 140 个字

---

**ChatGPT：**

**1. 春日甜心：** 浪漫的粉色调，让你的眼妆散发少女心，迷倒全场。这一季，与眼影盘一起唤醒你的可爱魔力！＃眼影盘＃可爱风

**2. 糖果梦境：** 五彩斑斓的眼影，就像是甜蜜的糖果，一抹即现独特魅力。打破单调，展现你的独特风格！＃彩妆＃可爱眼影

**3. 梦幻小仙女：** 精致炫彩的眼妆，让你瞬间变身小仙女。眼影盘，是释放魔法的秘密武器，让美丽从眼神开始！＃眼妆＃仙女风

**4. 初夏微微风：** 清新淡雅的眼影，如夏日微风般轻盈。给眼睛一抹温柔色彩，让你绽放清新自然的可爱气息！＃清新妆容＃眼影

**5. 樱花绽放：** 樱花粉眼影盘，唤醒内心深处的浪漫少女。用色彩编织梦幻，成为这个春季最亮眼的焦点！＃樱花妆＃少女心

**6. 甜蜜草莓：** 草莓色眼影，散发着浓浓的甜蜜气息。细腻质地，轻松打造可爱眼妆，让你成为人群中最引人注目的焦点！＃草莓眼影＃可爱妆容

**7. 独特魅力：** 眼影盘中蕴含的多彩魔法，让你散发出独特的个性魅力，成为眼前风景中最引人注目的那一抹色彩！＃独特风格＃彩妆

**8. 阳光微笑：** 温暖的眼影色彩，如同阳光的微笑，照亮你的整个夏天。轻松展现阳光活力的可爱妆容！＃夏日妆容＃眼影

**9. 奶茶恋人：** 浓情奶茶色眼影，温暖如初恋。用眼影盘为你的眼妆增添一抹温馨，成为奶茶恋人中的焦点！＃奶茶眼影＃温馨妆容

**10. 星空漫游：** 星空眼影盘，打破次元壁。让眼睛如同星空一样闪耀，展现出不羁的可爱气息，成为星空漫游的女孩！＃星空眼影＃不羁风

# 10.4　小红书实例：生成古风穿搭新媒体文案

　　小红书是一个社交电商平台，用户可以在平台上分享商品评价、购物经验、美妆护肤心得、旅行攻略等内容，并与其他用户进行互动和交流。在小红书中，用户可以发布文字笔记，也可以发布视频笔记。视频文案的创作可以参考第 9 章短视频文案的内容，本节主要介绍文字笔记的创作。用户可以借助 ChatGPT 生成文字笔记的标题和内容，从而轻松运营账号和保持更新。

**Q** 你是一位拥有百万粉丝的小红书穿搭博主，请以"夏季古风穿搭"为主题，创作一篇小红书爆款笔记，要求标题有亮点，内容加入一些真实的经验分享

### ⑤ ChatGPT：

**标题：夏日古风梦，清新脱俗穿搭指南！ # 小红书爆款笔记**

　　大家好，我是你们的小红书穿搭博主，今天要和大家分享的是我最喜欢的夏季古风穿搭！夏日炎炎，古风穿搭正好能带来一丝清新脱俗，让我们一同穿越时光，感受别样的夏日风情。

**1. 温润如玉的选材**

　　夏日，选择轻盈、透气的材质是关键！我喜欢选用丝绸、麻质等面料，不仅触感舒适，还能打造出古典、优雅的氛围。一袭清凉的长裙或者宽松的白衫，都是夏季古风穿搭的不二选择。

**2. 细节之美，小巧精致**

　　古风穿搭的魅力在于细节的处理。我常常选择一些刺绣、蕾丝或者古铜色的配饰点缀在服饰上，让整体造型更有层次感。古风发簪、手链，都是为夏日添几分精致的好选择。

**3. 色调取舍，清新柔和**

　　夏季本就是五彩斑斓的季节，我在古风穿搭中更偏向清新、柔和的色调。淡雅的粉、蓝、绿，或者是经典的米白色，都能给人一种清凉宜人的感觉。同时，搭配一些复古的图案元素，比如花卉、云纹等，更能展现出独特的古风韵味。

**4. 配饰点睛，抓住焦点**

　　古风穿搭少不了一些精致的配饰。我最喜欢的莫过于一把古风折扇，或者一串发饰。它们既能点亮整体造型，又能为照片增色不少。在夏日晴空下，手持折扇，微风轻拂，仿佛走进了一幅古典画卷。

**5. 心情愉悦，自信微笑**

　　最重要的一点就是保持心情愉悦，展现出自信微笑！不管是什么风格的古风穿搭，都要散发出属于你自己的独特氛围。夏日的古风穿搭，更是一种表达对美好生活向往的方式。享受这个过程，让自己成为夏日的一部分。

希望这份夏季古风穿搭小红书爆款笔记能给你带来一些灵感！喜欢的话，记得点赞分享哦，一起在夏日里绽放古风的美丽吧！ #夏日古风 #穿搭分享 #小红书爆款

# 10.5 公众号实例：生成记账技巧新媒体文案

在新媒体领域，公众号文章是一大阵地，对于传播思想、传达信息和分享干货等具有重要的作用。写作一篇公众号文章需要经过选题、大纲、初稿、修改、定稿等环节，用户往往会耗费大量的时间和精力。在 ChatGPT 的帮助下，用户可以获得更多的选题灵感，从而提高写文章的效率，更好地发挥公众号文章的作用。

扫一扫，看视频

**Q** 请以"记账技巧分享"为主题，写一篇公众号文章，要求标题能引人注目，介绍记账的好处，提供一些实用的记账方法，不超过 600 字

**⑤ ChatGPT：**

标题：《财富自由之路：记账技巧分享，轻松理财不再难！》

正文：

大家好，欢迎来到本期财经小课堂！今天，我们将探讨一个关乎每个人日常生活的话题——记账技巧。或许你一直觉得记账很烦琐，但实际上，它是实现财务自由的第一步。在这里，我将分享一些记账的好处，并提供一些实用的方法，让你轻松驾驭自己的财务，实现财富自由。

**为什么要记账？**

1. 了解花费情况：记账可以帮助你清晰地了解自己的花费情况，知道每一笔钱都去了哪里。这有助于发现不必要的开支，合理调整生活方式。

2. 制定预算：通过对支出的记录，你可以更好地制定预算。合理的预算有助于确保你的收支平衡，为未来的投资和储蓄提供更多的资金。

3. 财务规划：记账是财务规划的基础。了解自己的财务状况，可以更好地规划未来的投资，提前做好财务准备。

**实用记账方法：**

1. 手机应用记账法：利用手机记账应用，随时随地记录支出。这样不仅方便、快捷，而且可以生成清晰的图表，直观地展示你的财务状况。

2. 经典的本子记账法：对于喜欢传统方式的朋友，可以选择一本小本子，每天定时将当天的花费记录下来。这样做有助于形成记账的良好习惯。

3. 分类记账法：将支出分为必需品和非必需品，再进一步细分为食品、交通、娱乐等类别。这样有助于更具体地了解各项开支，为调整预算提供参考。

187

4. 设立理财目标：记账不仅是对过去的总结，更是为了未来的规划。设立理财目标，比如存款、投资等，有助于激励自己更加认真地进行记账。

**结语：**

记账并不是一项枯燥乏味的任务，而是一种实现财富自由的有力工具。通过记账，你能够更清晰地了解自己的财务状况，制定科学的预算，为未来的财务规划打下坚实基础。选择适合自己的记账方式，坚持每天记录。相信不久的将来，你会在财富自由之路上行得更远。希望这些记账技巧能够为你的理财之路增添一份明亮的指引！

## 10.6 知乎实例：生成避免暴食新媒体文案

扫一扫，看视频

知乎也是新媒体领域中传播思想、交流观点的重要平台，人们喜欢在知乎上对一些提问发表看法，也会带着问题去阅读文章。对于用户而言，想要创作一些专业的内容并不是一件容易的事，用户需要知识的积累和深刻的思考，但在 ChatGPT 的帮助下，撰写出专业性强、能够引起人共鸣的文章便不再是难事。

**Q** 请根据知乎平台的写作模式和特征，用科普性文章的形式对以下问题进行回答，不超过 600 字

问题：如何避免深夜暴食

**⑤ ChatGPT：**

**标题：深夜暴食科普——五招帮你有效规避**

深夜暴食是一个常见的生活习惯问题，不仅影响身体健康，还可能导致体重增加。下面我们将科普一些方法，帮助大家规避深夜暴食的困扰。

**1. 理解暴食的原因**

深夜暴食通常与情绪、压力，以及不规律的作息习惯有关。了解个体的暴食触发因素，有助于采取有针对性的对策。例如，通过健康的情绪管理方式，如锻炼、冥想，减少日常压力，可以有效预防深夜暴食的发生。

**2. 维持规律的生物钟**

规律的作息时间和足够的睡眠有助于维持身体的生物钟。研究表明，不规律的生活习惯容易扰乱代谢机制，增加夜间饥饿感。因此，确保每天充足的睡眠和良好的生活规律，有助于减少深夜暴食的欲望。

**3. 合理安排白天饮食**

白天正餐的摄入结构也直接关系到夜间的饥饿感。科学的饮食结构包括多样化的膳食，适量摄入蔬菜水果、粗粮、优质蛋白质等。在晚餐时避免过量油腻和高糖高脂食物，选择容易消化的食物，有助于维持胃肠的正常功能，减少夜间的食欲。

### 4. 控制零食储备

合理控制家中的零食储备是防止深夜暴食的一项关键措施。逐渐减少高糖高脂零食的购置，选择低热量的替代品，如水果、坚果。将这些健康的零食放在易取得的地方，有助于在夜间时取用更健康的食物。

### 5. 培养自控能力

培养自己的自控能力是预防深夜暴食的长久之计。通过设立明确的饮食计划，制定合理的食物摄入标准，逐步培养对食物的理性认知。此外，寻找替代行为，如运动、阅读等，能够分散注意力，降低对食物的渴望。

综合来说，要避免深夜暴食，我们可以从多个方面着手，包括调整生活方式、控制饮食结构、培养自控能力等。通过科学的方法，我们能够更好地预防深夜暴食，保持身体的健康。

## 10.7　豆瓣实例：生成《白牙》新媒体文案

在豆瓣平台，书评是新媒体平台中常见的文章形式，发挥着图书推广与传播的作用。要想有效地发挥书评的作用，用户需要具备独到的见解、较强的文字表达能力和写作能力在 ChatGPT 的帮助下，用户可以高效地完成豆瓣书评的写作。

扫一扫，看视频

**Q** 请根据豆瓣书评的风格，为《白牙》（*White Fang*）这本书写出专业的书评，并拟一个有吸引力的标题，不超过 500 字

**⑤ ChatGPT：**

**标题：《白牙》——野性的共鸣与文明的拷问**

在杰克·伦敦的经典之作《白牙》中，读者将被引领进入北方荒野的冰雪世界，与一只名叫白牙的狼犬共同体验生死离别、野性与文明的较量。这部小说以其深邃的哲学内涵和生动的叙事风格，深刻探讨了人类与自然之间的复杂关系，令人陶醉其中。

白牙的成长过程是小说的核心，伦敦通过对狼犬的生动描绘，展现了动物天性与人类文明之间的交融与冲突。白牙从野性中崛起，逐渐适应人类社会，其性格的丰富变化令人为之倾倒。作者通过这一独特视角，向读者展示了人类与自然的共生关系，以及在文明的进程中动物所经历的考验。

小说的情节紧凑、扣人心弦，作者以出色的叙述技巧勾勒出北极圈内的荒野景象，使读者仿佛置身于茫茫雪原之中。在这个严酷而美丽的自然环境中，人与野兽的斗争和合作交织出一幅壮丽的图景，令人难以忘怀。

除了故事情节的引人入胜，伦敦在小说中还通过深刻的哲学探讨展现出对人性的深刻洞察。白牙的命运不仅仅是一个个体的生死成败，更是对人类文明的一次深刻审视。作品通过对野性的描绘，反思了人类文明对自然的驾驭和对动物的对待，引发读者对道德伦理的深刻思考。

总的来说，《白牙》是一部极具文学价值的巅峰之作，它在故事情节、人物塑造和哲学内涵上都达到了令人满意的高度。这部小说不仅是对自然界的独特描绘，更是对人性、文明和道德的深刻探讨。读者在品味其中的同时，将深深感受到野性与文明间那无法割舍的纠葛与共鸣。

## 10.8  播客实例：生成馒头制作技巧新媒体文案

扫一扫，看视频

头条号文案、大鱼号文案、微博文案、小红书笔记、公众号文章、知乎文案和豆瓣书评都是以视觉性内容为主的新媒体文案，而播客内容则是以听觉内容为主的新媒体文案。播客内容类似于电台，通过声音传播文字内容、信息和观点，是快节奏时代发展中衍生的产物。

虽然传递方式、接收感官不同，但文本实质是相同的。对于播客来说，内容同样重要。用户巧用 ChatGPT，可以帮助自己梳理逻辑和厘清思路，撰写更清晰、完整的播客内容。

**Q** 你是一个播客运营者，正在运营一个面点制作技巧分享的播客，请以"馒头制作技巧：如何又快又好地自制杂粮馒头"为主题撰写一期播客内容，要求 600 字左右

**ⓢ ChatGPT：**

大家好，欢迎收听《美味面点轻松做》节目，我是你们的主持人。今天，我们要深入探讨一个备受喜爱的面点——杂粮馒头，带你学习如何又快又好地在家制作这款美味而充满营养的主食。

首先，让我们从杂粮的选择说起。杂粮馒头之所以备受青睐，是因为它融合了多种谷物的营养，为我们提供更全面的营养元素。在选择杂粮时，我们可以考虑小麦、玉米、燕麦等常见的主粮，再搭配一些富含纤维、维生素和矿物质的谷物，如藜麦、薏仁等。这样一来，我们不仅可以享受馒头的美味，还能摄入更多的营养成分。

其次，关于面粉的搭配。为了制作出杂粮馒头的松软口感，我们可以选择一些高筋面粉，这有助于增加馒头的韧性和弹性。同时，适量添加一些低筋面粉，可以使馒头更加柔软。面粉的巧妙搭配是制作成功的关键之一。

在调制面团的过程中，水的选择也是非常关键的一步。我们建议使用纯净水，并要保证水的温度适中。温水可以促进酵母的发酵，使馒头更加松软。此外，适量的食用油也可以加入面团中，增加馒头的香气和口感。

接下来是搅拌和揉面的技巧。初次搅拌时，可以将粉料和水均匀搅拌，然后进行揉面。

揉面的时候，可以适量添加食用油，这样有助于提升馒头的口感。揉面的过程中要用力均匀，直至面团变得光滑、有弹性为止。

发酵是制作馒头过程中的又一重要环节。发酵时间不宜太长，也不宜太短，大致在1~2小时。在温暖的环境中，可以适当缩短发酵时间。发酵完成后，面团会变得松软蓬松，这是制作出口感极佳的杂粮馒头的关键之一。

最后，烘烤的时候记得预热烤箱，掌握好时间和温度，确保馒头烤出金黄酥脆的外皮，内部松软可口。

总的来说，自制杂粮馒头并不难，关键在于选材、搭配和技巧的掌握。通过今天的分享，相信大家已经对如何又快又好地制作杂粮馒头有了更深的了解。希望大家在家中动手尝试，享受制作美味馒头的乐趣。感谢收听《美味面点轻松做》，下期再见！

## 10.9　行业软文实例：生成草原推荐新媒体文案

行业软文是指围绕不同行业的产品或服务进行宣传推广、信息分享等的文字内容。常见的行业软文有汽车类软文、数码类软文、房产类软文、旅游类软文等。

扫一扫，看视频

在运用ChatGPT创作行业软文时，首先需要确定发布的新媒体平台，不同的平台受众的喜好不同，并且有不同的语言风格和排版需求；其次是尽量使用简洁、有说服力的语言，能起到良好的宣传效果；然后是定期更新产品的宣传资料，让人们了解最新的动态。

**Q** 我经营了一家特色旅行社，请帮我以软文的写法写一篇400字的文章，主题为"小众草原推荐"，内容包括：有吸引力的标题，推荐的草原和推荐原因，结尾与受众有互动。要求：符合小红书平台的文案特性和受众喜好

**ChatGPT：**

**标题：探寻小众草原之美，感受大自然的怀抱**

在都市的喧嚣中，你是否曾梦想远离尘嚣，走进一片宁静的大草原？作为一家致力于发现独特之美的特色旅行社，我们为您精心推荐一次别开生面的旅行——小众草原之旅，让您领略大自然的独特魅力。

**推荐草原一：红原大草原**

红原大草原位于四川省阿坝藏族羌族自治州，被誉为"天堂之花"。这片小众草原以其独特的地貌和丰富的生态而备受瞩目。漫步在红原大草原上，仿佛走进了一幅宏伟的画卷，辽阔的草原上草儿摇曳生姿，远处的雪山与蓝天相映成趣，让人陶醉其中。

**推荐原因：独特的藏文化**

红原大草原深藏着丰富的藏族文化，游客不仅可以欣赏到悠扬的藏族歌舞，还能品味到正宗的藏式餐饮。与当地藏民亲密接触，了解他们的传统生活方式，将让您的旅程更添别样情趣。

**推荐草原二：乌兰布统草原**

乌兰布统草原坐落在内蒙古自治区境内，素有"北国草原"的美誉。这片草原以其如诗如画的美景而吸引着越来越多的游客。成群的牛羊悠然自得地吃着青草，湛蓝的天空下，仿佛能听到大自然的心跳。

**推荐原因：奇异的地质奇观**

乌兰布统草原独特的地质奇观更是吸引着无数探险者。草原上散布着形态各异的火山口，成千上万年的风雨剥蚀形成的奇景，让人惊叹自然的神奇造化。

**结尾：** 与大自然的亲密接触，不仅让我们感受到了它的美，更让我们领悟到了生命的力量。在这个独特的小众草原之旅中，我们将陪伴您共同探索自然之美，感受大自然的怀抱。让我们一同启程，开启这场草原之梦，与自然融为一体，留下属于您的美好记忆。

**互动环节：** 期待听到您的故事，与我们分享您在小众草原之旅中的精彩瞬间。留言告诉我们，大自然对您而言意味着什么，或者您心中还有哪些未探索的小众胜地，我们将不胜欣喜地为您定制更多独特之旅。让我们一同走进自然的怀抱，感受草原之美。

## 10.10　爆款标题实例：生成身体乳推荐新媒体文案

扫一扫，看视频

标题文案向来是写文章不可或缺的重要元素，对于新媒体文章来说也不例外。好的新媒体文章标题可以点明文章的主旨，快速激发读者的兴趣，从而为新媒体账号带来更好的曝光和流量。在 ChatGPT 的帮助下，用户能够了解不同新媒体平台的标题特征，写出更加高效、有价值的爆款标题文案。

**Q** 请简要介绍小红书平台的标题特征，并为一篇主题为"身体乳推荐"的小红书笔记生成 5 个爆款标题，要求：有吸引力，符合小红书平台的标题特征，字数在 20 字以内

**ChatGPT：**

小红书平台的标题特征通常包括博主风格、情感化、实用性和创意性。标题要吸引眼球，简洁明了，同时能够准确传达内容。

以下是符合小红书平台特征的 5 个"身体乳推荐"主题的爆款标题。

1. "肌肤呼吸，10 秒搞定！极致滋润身体乳推荐"

2. "零粘腻，百搭滋润！小红书编辑推荐身体乳 TOP5"

3. "奢享肌肤 SPA，这款身体乳秒杀一切，必须尝试！"

4. "雾化保湿新体验！这款身体乳让你迅速变身女神"

5. "干燥天气福音！小红书爆款身体乳推荐，肌肤嫩如初"

## 10.11 直播脚本实例：生成吹风机新媒体文案

直播脚本文案是指对直播活动中的各个流程进行合理规划而形成的文稿。这类文案能够帮助用户有秩序地进行直播活动，从而顺利地完成直播任务。一般来说，直播活动分为游戏直播、泛娱乐直播和电商直播这 3 种。用户运用 ChatGPT 生成直播脚本文案时，可以结合直播活动的类型来编写指令。

扫一扫，看视频

**Q** 请根据电商直播的流程，策划一场主题为"新款吹风机上市，呵护你的秀发"的直播活动，要有具体的流程安排

**⑤ ChatGPT:**

电商直播活动的成功策划需要考虑多个环节，包括活动前期准备、直播过程中的环节和活动后期的跟进。以下是一场主题为"新款吹风机上市，呵护你的秀发"的电商直播活动的具体流程安排。

**1. 活动前期准备**

a. 确定活动目标：

- 销售目标。设定吹风机的销售目标，可以是销售数量或销售额。

- 曝光目标。确定想要吸引的观众数量，可以通过社交媒体、广告等方式进行宣传。

b. 选定主持人：

- 选择具有亲和力和专业知识的主持人，最好是与美容护发相关的专业人士或达人。

c. 制订互动方案：

- 设计互动环节，如抽奖、答题、直播间弹幕互动等，增加观众参与感。

d. 准备直播道具：

- 确保吹风机及相关产品充足，并准备其他道具，如演示工具、背景布置等。

e. 制订直播内容大纲：

- 确定吹风机的特点、优势，安排内容流程，包括产品介绍、使用演示、用户案例分享等。

f. 宣传推广：

　- 制作宣传海报、视频预告，通过社交媒体、电商平台等渠道提前宣传活动。

**2. 直播过程中的环节**

a. 开场介绍：

　- 主持人简要介绍活动主题和吹风机的亮点。

b. 产品介绍：

　- 详细介绍新款吹风机的特色、技术、设计等，突出产品卖点。

c. 使用演示：

　- 进行吹风机的实际使用演示，展示不同发型的效果。

d. 用户体验分享：

　- 邀请已购买并使用过新款吹风机的用户分享使用感受，增强信任度。

e. 互动环节：

　- 进行抽奖、答题等互动，提高观众参与度。

f. 促销福利：

　- 推出限时促销、套餐优惠等福利，刺激观众购买欲望。

g. 回答观众提问：

　- 在直播中及时回答观众的问题，建立与观众的互动。

**3. 活动后期的跟进**

a. 感谢观众：

　- 发送感谢消息，感激观众参与并购买。

b. 整理订单信息：

　- 整理直播中产生的订单信息，做好订单处理。

c. 收集用户反馈：

　- 收集用户对产品的反馈，以便后续产品改进和市场推广。

d. 推出售后服务：

　- 提供售后服务信息，确保用户在使用过程中有问题可以及时解决。

e. 活动总结：

　- 对活动进行总结，包括销售情况、观众参与度、用户反馈等，为未来活动提供经验参考。

通过以上流程，可以帮助确保电商直播活动的顺利进行，并最大程度地实现销售和品牌宣传的目标。

# 10.12 直播封面实例：生成面霜新媒体文案

直播封面文案是指在直播海报或直播主页上显示的文字内容。通常情况下，直播封面文案的特点是文字简短、高度概括和凝练主题、对受众有吸引力，如"购物车的秘密"。用户在运用 ChatGPT 生成直播封面文案时，可以让 ChatGPT 融入修辞手法来生成文案，使文案更具创意性和吸引力。

扫一扫，看视频

**Q** 直播封面文案的特点是文字简短、高度概括和凝练主题、对受众有吸引力，请根据这些特点，提供 10 个主题为干皮面霜的直播封面文案，要求：1. 用词更具新颖、独特性；2. 适当加入隐喻、用典等修辞手法

**⑤ ChatGPT:**

**1. 柔滑云端：** 醉人雨后，皮肤如晨露一般水嫩。品味干皮面霜，唤醒肌肤沉睡的甜蜜，舒适如云端漫舞。

**2. 润泽魔法：** 脱下干燥的外衣，穿上面霜的柔软护甲。感受润泽的魔法，释放肌肤内在的光芒，散发不可抗拒的娇艳。

**3. 星夜护肤秘药：** 星夜守护，面霜如一瓶珍贵的秘药，轻轻拂去疲惫，唤醒肌肤的夜间活力。在星空中，释放你的美丽光芒。

**4. 轻盈之舞：** 皮肤如同轻盈的芭蕾，干皮面霜是那场动人的舞蹈。让肌肤舞动起来，感受轻盈的力量，释放自然的美丽。

**5. 醇香甘露：** 用干皮面霜，犹如肌肤沐浴在醇香的甘露中。每一滴都是滋润的魔法，带你走进一个肌肤如诗如画的仙境。

**6. 花漾晨曦：** 面霜如晨曦中的花朵，温柔而又绚烂。涂抹在脸庞，唤起肌肤的花漾之美，如同清晨般焕发活力。

**7. 时光之泉：** 干皮面霜宛如时光之泉，轻抚间润泽生机。感受岁月的宠爱，肌肤时刻绽放着青春的芬芳。

**8. 莹润星辰：** 星辰灿烂，莹润如水。干皮面霜如同星光点点，细腻滋润，让肌肤散发出属于自己的光彩。

**9. 梦幻之境：** 踏入梦幻之境，干皮面霜是那道无形的门。轻启它，释放梦幻的肌肤奇迹，绽放独特的美丽。

**10. 柔嫩精灵：** 面霜如一位柔嫩的精灵，轻拂而过，带着清新的芬芳。让肌肤沉浸在精灵的爱抚中，展现出独特的柔美。

# 第 11 章　AI 其他领域文案综合实例

　　除了前面几章介绍的学术、职场、电商、短视频和新媒体领域之外，AI 文案还可以广泛运用在其他领域，如人际沟通、生活、音乐、设计、AI 绘画、企业管理和文学等领域，帮助用户解决不同方面的烦恼。本章将介绍 7 类其他领域文案的生成方法。

### ◀》 本章重点

- ● 人际沟通实例
- ● 生活服务实例
- ● 音乐创作实例
- ● 珠宝设计实例
- ● AI 绘画实例
- ● 企业管理实例
- ● 文学创作实例

## 11.1　人际沟通实例：获得安慰他人的话语模板

"情绪价值"在当前时代背景下，是极为奢侈的精神产品。尤其是在他人失意时，为他人提供情绪价值是十分难得的。最常见的情形是，当用户的好友陷入悲伤的情绪时，用户需要及时给予有效的安慰。在 ChatGPT 的帮助下，用户可以获得有效安慰他人的话语模板，以顺利缓解好友的情绪。

扫一扫，看视频

**Q** 请提供 5 个有效安慰他人的话语模板，以应对朋友不小心丢失了心爱的挂件的情形，要让对方感到宽慰和舒心

**ChatGPT：**

**1. 表达理解和同情："**我知道这对你来说是一件很重要的事情，我感到非常理解和同情。有时候，我们都会遇到这种意外，但请记住，重要的是我们在一起的时光，而不仅仅是那个挂件。"

**2. 强调珍惜回忆："**失去了那个挂件肯定让你感到难过，但请想一想，我们在一起的时光所创造的美好回忆是无法丢失的。那个挂件是特殊的，但它只是我们故事中的一小部分，我们还有很多其他美好时刻留存着。"

**3. 提供支持和陪伴："**我明白这对你来说是一次不愉快的经历，但请知道你并不孤单。我会一直在你身边，无论你需要什么支持或陪伴。我们可以一起度过这段难过的时光。"

**4. 鼓励积极思考："**虽然失去了那个挂件，但也许这是个机会重新发现其他有趣的东西。有时候，生活给我们的挑战也是带着新的可能性和发现的。让我们一起寻找新的宝藏吧！"

**5. 强调友谊的重要性："**这个挂件可能会失去，但我们的友谊是永远不会丢失的。无论发生什么，你都可以依赖我，我们可以一同面对任何困难。真正重要的是我们之间的情感纽带，而不是任何物品。"

## 11.2　生活服务实例：根据需求推荐吉林的景点

当用户准备前往某个国家或某个城市，想要游玩一番的时候，可以事先询问 ChatGPT 有关该地的特色景点，ChatGPT 会给出景点推荐。

扫一扫，看视频

**Q** 假设你是一名导游，请根据我的需求为我推荐吉林的景点
需求：我打算夏天去玩一周，预算为 5000 元，我不喜欢人多的地方

**ⓢ ChatGPT：**

非常好，吉林是一个美丽而宁静的地方，夏季的时候有许多宜人的景点可以探访。根据您的需求，我为您推荐以下几个不太拥挤且美丽的景点。

1. 长白山风景区：长白山是中国东北的知名山脉，夏季气温适中，风景优美。您可以徒步探访山间的溪流、森林，欣赏高山草甸上的花海。

2. 松花湖风景区：松花湖是中国最大的内陆湖泊之一，被誉为"中国北方的丽江"。湖光山色，空气清新，适合漫步湖畔，欣赏湖光山色。

3. 亚泰大桥及周边：亚泰大桥横跨松花江，是吉林市的标志性建筑之一。您可以漫步在桥上，欣赏江水与城市的美景。

4. 云顶滑雪场：即使是夏天，云顶滑雪场也是一个宜人的地方。您可以乘坐缆车，俯瞰山脉全貌，或者在滑雪场周边进行一些轻松的户外活动。

5. 二浪河风景区：位于吉林市西郊，这里有宁静的水域、绿草如茵的河岸，适合漫步、野餐或者坐船游览。

请注意，这些建议可能需要根据实际的交通、住宿和用餐等费用进行适当调整，以确保在您的预算内度过愉快的一周。希望您在吉林的旅行中有一个难忘的体验！

---

## 11.3 音乐创作实例：生成民谣歌曲的歌词

扫一扫，看视频

ChatGPT 的文本生成在音乐领域也能发挥作用。用户可以给出需要创作的歌曲主题、风格和要求，让 ChatGPT 生成对应的歌词。

**Q** 请以思念为主题，创作一首民谣歌曲的歌词，要求：语句通顺，表达真情

**ⓢ ChatGPT：**

在黄昏的余晖中，我坐在窗前思念，
往事如梦幻，岁月匆匆过往。
手中的信纸泛黄，墨迹渐渐模糊，
文字间弥漫着，我对你的眷恋。

思念是一种深情，如同夜空的星光，

闪烁在心头，不曾散去。
远方的你是否知，我对你的思念，
如涓涓细流，汇成爱的海洋。

曾经的笑脸，在梦中浮现，
微风拂过，带走了温柔。
千言万语化作一句，轻轻地问候，
愿你在远方能感受，我深深的眷恋。

思念是一种深情，如同夜空的星光，
闪烁在心头，不曾散去。
远方的你是否知，我对你的思念，
如涓涓细流，汇成爱的海洋。

岁月荏苒，时光草草，
但心中的思恋却愈发浓烈。
无论距离有多远，时间有多长，
心中的你，永远是我挂念的对象。

夜幕降临，星光点点如你的眼，
月亮静静听我述说，心事藏在风中。
思念是一段旋律，悠扬又动听，
希望风儿能将它，传达到你的身旁。

思念是一种深情，如同夜空的星光，
闪烁在心头，不曾散去。
远方的你是否知，我对你的思念，
如涓涓细流，汇成爱的海洋。

愿时光停驻，让思念的旋律永远回荡，
直到我们再次相遇，心与心相望。
在漫漫人生路上，你是我心中的信仰，
思念的歌谣，唱出我对你的深深思念。

## ➜ 技巧提示　让 ChatGPT 生成乐谱

除了生成歌词之外，ChatGPT 还可以生成乐谱。不过，用户最好指定谱曲方法或伴奏乐器，让 ChatGPT 可以更准确定位所需的乐曲类型，相关指令模板如下。

（1）请根据歌词的节奏和节拍，用 ×××（谱曲方法）为歌词谱曲。

（2）请根据歌词，生成一份乐谱，谱曲时用 ×××（乐曲）伴奏。

（3）请以 ××× 为主题，创作一首 ×××（类型）的歌曲，要求生成歌词和乐谱，谱曲时用 ×××（乐器）伴奏。

## 11.4　珠宝设计实例：提供手链设计灵感

扫一扫，看视频

　　由于珠宝常常被人们赋予某种纪念意义，因此珠宝不仅仅起到修饰的作用，还具有收藏价值，而珠宝设计对设计师关于材料的认知和美感的把握有较高的要求。在 ChatGPT 的帮助下，用户可以获得一些设计灵感。

**Q** 请你充当一名珠宝设计师，提供 5 个关于友情主题的手链设计灵感

> ⑤ ChatGPT：

当然可以！以下是 5 个关于友情主题的手链设计灵感。

**1. 交错之心手链**

　- 设计理念：两条细链交错编织，形成一个心形图案。每一条链代表着一个朋友，而它们的相互交叉象征着友情的纽带。在心形图案中央镶嵌小小的宝石，代表每个朋友的独特之处。

**2. 彩虹缤纷手链**

　- 设计理念：采用不同颜色的宝石或珠子，每一种颜色代表一种友情的特质，如红色代表热情、蓝色代表忠诚、绿色代表希望等。这样的手链将彩虹的美丽和友情的多样性完美结合。

**3. 字母串珠手链**

　- 设计理念：每个珠子上都镶嵌一个小小的字母，串成朋友们的名字首字母或一些特殊的友情词语。这样的手链不仅具有个性化，还能够代表着朋友之间的独特联系。

**4. 情侣树手链**

　- 设计理念：手链上镶嵌一颗小小的树状吊坠，树的每一片叶子都代表一个朋友。这样的设计象征着友谊如同树一样，需要共同的呵护和关怀，才能茁壮成长。

**5. 星空之约手链**

　- 设计理念：手链上镶嵌星星和月亮的形状，每一个星星代表一个朋友，而月亮则代表友情的深厚。这样的设计将友谊比喻成璀璨的星空，表达了永不磨灭的友谊誓言。

　　这些设计都可以根据个人的喜好和友情故事进行定制，以打造独一无二的友情手链。希望这些灵感能够启发您的珠宝设计创意！

用户在让 ChatGPT 提供珠宝设计灵感时，除了图案方面的设计灵感之外，还可以要求 ChatGPT 提供材料方面的灵感，如翡翠、钻石、金银等。

## 11.5　AI 绘画实例：生成贝雷帽产品主图绘制指令

在同为运用生成式 AI 模型的 AI 绘画领域中，ChatGPT 的运用可以帮助用户快速生成 AI 绘画指令，提供 AI 绘画参考和指导。

扫一扫，看视频

**Q** 你现在是一位 AI 绘画师，请提供一个贝雷帽产品主图的 AI 绘画指令示例，字数在 100 字以内

**ChatGPT：**

绘制一幅贝雷帽产品主图，以经典的深蓝色为主调，突出时尚感。贝雷帽造型需要简洁而优雅，使用细节突显质感，如帽檐的轻微弯曲和帽身的柔和线条。请确保阴影和光影处理自然流畅，使整体画面更富立体感。强调细节，如帽带的材质和扣环的细节，展现产品高品质。背景建议选择简约的色块，以突出产品的精致设计。

**➜ 知识扩展　AI 绘画指令的使用**

用户获得满意的指令后，就可以运用指令去生成相应的图片。常见的 AI 绘画平台有文心一格、Midjourney 等。在这些平台中，用户通过输入并发送获得的指令，即可获得 AI 绘画作品。

需要注意的是，用户如果使用 Midjourney 来生成图片，还需要将指令翻译为英文，以便 AI 理解和做出反应。另外，用户如果觉得初次生成的图片不好看，可以对指令进行适当调整，还可以对 AI 绘画平台的参数进行设置，以获得满意的图片。

## 11.6　企业管理实例：获得风险防范建议

在企业经营的过程中，可能会面临法律法规风险、市场风险、技术风险、财务风险、业务风险、自然灾害风险、人才风险等诸多隐患，因此风险防范也是企业管理中的重要项目。科学的企业管理能够帮助企业提供风险防范的意识。

扫一扫，看视频

但科学的企业管理能力和水平并非是一朝一夕形成的，需要企业经营经验的积累，且风险具有不确定性，因此风险防范并不是一件易事。然而，运用 ChatGPT，企业能够借助 AI 的力量获得很多风险防范的建议，从而间接地增强企业管理能力。

**Q** 请你充当风险管理顾问，从不同维度为胶带文创公司提供一些风险防范的建议

**ChatGPT：**

当涉及胶带文创公司的风险管理时，有几个关键维度需要考虑。以下是一些建议，可帮助你的公司更好地防范潜在的风险。

**1. 市场风险**

- 市场调研与分析：定期进行市场调研，了解目标市场的趋势和竞争状况，以便能够调整产品和战略。

- 多元化产品线：不要过度依赖单一产品线，而是考虑推出多样化的产品，以分散市场风险。

**2. 供应链风险**

- 供应商多元化：不要依赖过于集中的供应商，寻找具备良好声誉和稳定供货能力的多个供应商。

- 库存管理：维护适度的库存水平，以缓解潜在的供应短缺风险。

**3. 知识产权风险**

- 专利保护：确保你的创新产品受到适当的知识产权保护，如专利和商标，以防止他人复制。

- 合同保护：在合同中明确知识产权的归属和保护条款，确保与供应商和合作伙伴之间的权益。

**4. 财务风险**

- 预算与现金流管理：制定合理的预算，并实施有效的现金流管理，以确保公司有足够的资金来应对突发情况。

- 金融稳健：与专业的财务顾问合作，保持财务状况的透明度，预防财务诈骗和不当操作。

**5. 品牌声誉风险**

- 危机管理计划：制订危机管理计划，包括危机公关和社交媒体管理，以便迅速、有效地回应可能损害品牌声誉的事件。

- 客户反馈和投诉管理：积极回应客户反馈和投诉，建立积极的品牌形象。

**6. 法律合规风险**

- 了解法规：确保公司了解并遵守相关的法规和法律要求，特别是在产品标准和质量方面。

- 法律咨询：寻求专业法律咨询，以确保公司的运营和营销活动符合法规。

**7. 技术风险**

- 技术更新与升级：持续跟踪行业的技术趋势，确保公司的技术保持竞争力，同时准备好面对技术变革可能带来的风险。

以上建议是从不同维度来考虑风险管理的，具体的情况可能需要进一步地定制和深入研究。建议定期评估和更新风险管理策略，以确保公司能够适应变化的市场和业务环境。

必要时，用户可以提供公司的规模、地理位置和经营特点等信息给ChatGPT，让ChatGPT根据公司的特性来制订风险管理策略。同时，为防范风险，企业需要不断提高管理者的素质，优化组织结构，培育良好的企业文化，规范管理过程。

## 11.7 文学创作实例：提供科幻小说灵感

科幻小说是指在尊重科学结论的基础上，进行故事虚构的文学体裁。这类小说主要以科学故事为题材，一般具备逻辑自洽、科学元素和人文思考3个要素，而运用ChatGPT可以为用户提供创作科幻小说的灵感。

扫一扫，看视频

**Q** 我是一名科幻小说家，想写一篇主题为"星星上的人"的小说，要求情节合理，故事背景新奇，请你提供3个小说创意

**ChatGPT:**

当然，我很乐意帮助你构思关于"星星上的人"的科幻小说情节。以下是3个创意。

**1. 星际孤岛：** 故事发生在一个被孤立的星际系统中的行星上。这颗行星上居住着一群神秘的人类，他们与外界完全隔绝。主人公是一个地球科学家，他偶然穿越虫洞到达这个星球，发现那里的人类社会高度发达，拥有超越地球的科技。然而，他们为何选择与外界隔绝成了谜，而主人公成为揭开这个谜团的关键。

**2. 星体共生：** 在一个特殊的星系中，每颗星星上都孕育出一种生命形式。主人公是一名太空舰队军官，被派遣到一个以星体为基础的文明星球上。那里的人类已经学会与星体共生，拥有与星星相连的特殊能力。然而，随着主人公的到来，他们发现星体的生命力量逐渐衰退，而主人公成为拯救星球的唯一希望。

**3. 时间漂泊者：** 在一颗年轻的星球上，存在一群能够穿越时间的人类。主人公在一次实验中被意外卷入时空漩涡，来到这个星球。那里的人类社会已经学会掌握时间旅行的技术，但却面临着时空崩溃的威胁。主人公成为他们的关键，需要找到解决时空崩溃问题的方法，同时理解他们对时间的独特理解。